Jean-Marie Kardinal Lustiger

Die
Verheißung

Vom Alten zum
Neuen Bund

Meine Augen eilen den Nachtwachen
voraus; denn ich sinne nach über
deine Verheißung (Ps 119,148).

SANKT
ULRICH
VERLAG
GmbH

Titel der Originalausgabe: La Promesse
© Editions Parole et Silence, Genf 2002
Übersetzt aus dem Französischen von Dominic Schubert
unter Mitwirkung von Peter Paul Bornhausen

Bibliographische Information Der Deutschen Bibliothek

Die Deutsche Bibliothek verzeichnet diese Publikation in der
Deutschen Nationalbibliographie; detaillierte bibliographische Daten
sind im Internet über http://dnb.ddb.de abrufbar.

© 2003 by Sankt Ulrich Verlag GmbH, Augsburg
Alle Rechte vorbehalten
Umschlaggestaltung: UV Werbung, Mediengruppe Sankt Ulrich Verlag, Augsburg
Titelbild: Bildarchiv Foto Marburg
Druck und Bindung: Ludwig Auer GmbH, Donauwörth
Printed in Germany
ISBN 3-936484-09-0
www.sankt-ulrich-verlag.de

Inhalt

Vorbemerkung

1979 war ich seit zehn Jahren Pfarrer der Gemeinde Sainte-Jeanne de Chantal in Paris. Kardinal Marty hatte mir diese Stelle bis 1981 anvertraut. Für die Zeit danach träumte ich davon, mit Erlaubnis meines Bischofs eine Weile im Heiligen Land zu beten, nachzudenken, zu leben – so wie es heute Kardinal Martini, der frühere Erzbischof von Mailand, macht.

Es ist nach den 25 Jahren des Pontifikates von Johannes Paul II. und allem, was es mit sich gebracht hat, schwierig, sich die damalige Denkweise der Katholiken – Priester wie Gläubige – und der öffentlichen Meinung vorzustellen. Dieses Jahrzehnt nach 1968 war eine wirklich merkwürdige Zeit! Sie legte die Gesellschaftskrise bloß, die ihrerseits die Erschütterung im Glauben der Christen offenbarte. Mitte der 70er Jahre wurde auch das Schweigen endlich gebrochen, das bezüglich der Deportation der Juden herrschte, über das, was man zunächst den Holocaust, dann die Schoah nannte.

1975 oder 76 hatte ich mich für eine Zeit des Gebetes in die Abtei Bec-Hellouin zurückgezogen. Die Begegnung mit Dom Grammont, dem Abt, löste bei mir eine große innere Freude aus. Er erzählte mir von seiner Absicht, einige seiner Fratres zur Wiederaufnahme des monastischen Lebens im Kloster von Abu-Gosh in Israel zu entsenden. Unter ihnen war der junge Frater Jean-Baptiste, der später zum Abt der Neugründung werden sollte. Das Leben dieses Klosters sollte sich in die zeitgenössische Realität des Landes einfügen.

Nach dem Zweiten Weltkrieg hatten mehrere große Orden einen ähnlichen Versuch in Israel unternommen. Heroische Unterfangen, die sehr schnell großen Prüfungen gegenüberstanden. Das Vorhaben von Bec-Hellouin beeindruckte mich, da es auf dem demütigen und friedfertigen Gebet einiger Mönche beruhte. Diesen Eindruck teilte ich Dom Grammont mit, dessen so weise wie kühne Initiativen für die Einheit der Christen und das Verhältnis zum jüdischen Volk ich bewunderte.

*

Aus diesem Grund wohl baten mich wenig später die Ordensschwestern von Sainte-Françoise-Romaine, einem mit Bec-Hellouin verbundenen Kloster, von denen ich einige aus ihrer Studienzeit an der Sorbonne kannte, ihnen eine Woche lang Einkehrtage zu halten, um sie zum Beten und zur Meditation über das Geheimnis Israels anzuleiten.

Diese Bitte erstaunte mich, sie wühlte mich geradezu auf. Zum ersten Mal in meinem Leben sollte ich dieses Thema im Rahmen des Gebetes einer kontemplativen Gemeinschaft angehen. Beim Reden wäre ich keiner taktlosen oder indiskreten Neugierde ausgesetzt. Ich hätte auch nicht die Unterstellungen, die Vorurteile oder die Wunden zu ertragen, die öffentliches Reden nach sich zieht. Der ganz und gar geteilte Glaube ermöglichte gegenseitiges Vertrauen. Diese wirkliche Glaubensgemeinschaft gab mir die Freiheit des Geistes und des Herzens. Mir war bewußt: Was ich sagte, würde ihrem Gebet Nahrung geben. Vor allem sollte ich, wenn ich zu ihnen sprach, sie an den Schätzen teilhaben lassen, die sich der Gnade Gottes verdanken.

Ich kam also dieser Bitte mit Dankbarkeit nach; ich empfand sie als Aufruf Gottes und als eine Gnade.

Während der Zeit zuvor hatte ich intensiv das Matthäusevangelium studiert. So ging ich von diesem Evangelium aus an meine Aufgabe heran.

*

In freier und improvisierter Rede ließ ich mich von Tag zu Tag von einer inneren Logik leiten, deren Ursprung der Text des Evangeliums war. Die dem Vortrag eigene Zurückhaltung konnte meine Rede zuweilen allzu theoretisch erscheinen lassen. Meist jedoch teilte ich meine Meditation frei mit. Denn ich war sicher, daß sie mit Wohlwollen aufgenommen wurde; sie konnte in Gott verborgen Frucht für die Kirche tragen, da sie in der Stille des Gebetes dieser Gemeinschaft hinterlegt wurde. In dieser Krisenzeit des abendländischen Christentums wurde mir die Gnade bewußt, über das Geheimnis der Kirche nachsinnen zu dürfen. Diese kontemplativen Ordensfrauen riefen mir ihre wahre Schönheit und Heiligkeit in Erinnerung, die zahllose

Schar der Demütigen – die Heiligen, die nur Gott kennt –, die bei all ihrer Schwäche ihrem Herrn und Erlöser gefolgt sind. Ohne die Kirche Christi zu entstellen, haben sie es ihr ermöglicht, die Macht der göttlichen Gnade in diese Welt zu tragen. So konnte ich in vollkommenem Vertrauen sprechen, wobei ich versuchte, das Drama des christlichen Abendlands zu enträtseln, das die Kirche Jesu, des Messias Israels, nicht zu erkennen wußte – das Drama dieser Christenheit, die Frucht eines sozialen oder politischen Christentums, das vor meinen Augen gerade zusammenstürzte. Ich wußte, daß diese Ordensfrauen einen Blick des Glaubens hatten, der scharf genug war, um meinem Gedankengang zu folgen – oder darin sogar weiterzugehen als ich –, der tastend die Umrisse jenes wahren Antlitzes der Kirche Gottes zu erfassen suchte, das mir damals die Betrachtung des Matthäusevangeliums enthüllt hatte.

Von diesen Gesprächen habe ich keine Unterlagen behalten, noch habe ich genaue Erinnerungen über ihren Verlauf. Mit meiner Zustimmung hatten die Schwestern meine Überlegungen auf Band aufgenommen und im Anschluß natürlich auch maschinenschriftlich übertragen. Ich hatte sie gebeten, diesen Text, der eigentlich keiner war, zu ihrem eigenen Gebrauch bei sich zu behalten. Denn mir sind natürlich die Verkürzungen, die Ungereimtheiten, die Ungenauigkeiten der improvisierten Rede, zumal in häufig schwieriger Materie, durchaus bewußt; besonders wenn man sich die Worte seinem Herzen und seinem Geist abringen muß, manchmal nach Worten suchend. Sie haben es mir versprochen, und ich denke, daß sie Wort gehalten haben.

Dann habe ich nichts mehr von diesem Text gehört. Allerdings habe ich – immer mit denselben Vorbehalten – erlaubt, daß er an andere kontemplative Gemeinschaften weitergereicht wird, besonders im Heiligen Land.

*

Vor zwei oder drei Jahren sind nun diese Seiten wieder aufgetaucht, die viel weiter herumgekommen waren, als ich gedacht hätte! Einige Freunde, darunter ein Verleger, bedrängten mich, sie zu veröffentlichen. Meinem Widerstreben gegenüber gebrauchten sie alle möglichen Argumente. Nach langem Zögern habe ich schließlich eingewilligt.

Ich habe mich der Lektüre dieses Textes unterzogen und dabei bemüht, ihn von den deutlichsten Spuren des mündlichen Vortrags sowie eines Denkens, das sich selber sucht, zu säubern. Allerdings habe ich mich – ohne wirklich überzeugt zu sein – der drängenden Bitte gebeugt, ihn in seinem „halbgeschliffenen" Zustand zu belassen. Die Wiederholungen des Redners, der sich verständlich machen will, der sein Argument immer wieder anbringt und verfeinert, habe ich nicht gestrichen.

Diese Gedanken, die an eine Gemeinschaft gerichtet waren, die sie mit Wohlwollen im Gebet aufgenommen hat, übergebe ich nun an Unbekannte. Der *Ecole Cathédrale* danke ich für die Anmerkungen im Text, die dem Leser helfen werden, dem Gedankengang zu folgen.

*

Beim Lesen der Transkription dieser Gespräche war ich überrascht über das, was ich seinerzeit gesagt hatte – oder vielmehr darüber, was mir diese Zuhörerschaft durch ihr Vertrauen und ihre Empfänglichkeit zu sagen erlaubt hatte. Ich war überrascht, da ich mehr als 20 Jahre später den Eindruck hatte, daß viele der wie halblaut, manchmal leidenschaftlich, manchmal zögerlich anvertrauten Überlegungen schwach vorausgefühlt hätten, was die Logik des Glaubens und des Lebens der Kirche auf die Initiative Johannes Pauls II. hin schließlich hervorbringen würde.

Daher die Entscheidung, sie dem Leser anzubieten und ihnen – in einem zweiten Teil – die Ansprachen beizufügen, die jeweils auf Einladung gehalten wurden: 1995 an der Universität von Tel Aviv, dann 2002 auf dem Jüdischen Europäischen Kongreß in Paris, auf dem Jüdischen Weltkongreß in Brüssel und vor dem Jüdischen Amerikanischen Komitee in Washington.

Im Licht der Einkehrtage von 1979 gelesen, haben mich diese Vorträge den zurückgelegten Weg ermessen lassen. Natürlich sind die Umstände und die Natur der Texte einander diametral entgegengesetzt. 1979 hatte ich mich als befreundeter Priester in der Vertrautheit einer Meditation an eine Gemeinschaft katholischer Ordensfrauen gewandt. 1995 und 2002 war ich der Einladung der wichtigsten jüdischen Organisationen nachgekommen, die das Werk Johannes Pauls II. zur Kenntnis genommen hatten und mich um mein Zeugnis baten. Dabei schien mir allerdings, daß die jüngeren Überlegungen die älteren nicht aufhoben, sondern daß die älteren sogar die jüngeren erhellen konnten.

Wer sich fragen sollte, was zwischen 1979 und dem Umbruch zum dritten Jahrtausend war, dem kann ich folgendes antworten. Zunächst ist das, was ich hier ausgedrückt habe, lediglich ein Teil von dem, was ich erlebt und gedacht habe, was ich geschrieben und veröffentlicht habe. Im übrigen habe ich dies immer unter dem Eindruck der Umstände getan, manchmal in Zeitschriften, die der breiten Öffentlichkeit unbekannt sind, und dies auch nicht immer in Frankreich. Sodann habe ich dieselben entscheidenden Themen in ganz anderen Zusammenhängen und Perspektiven erörtert, so in *Wagt den Glauben* (1985, dt. 1987) und *Gotteswahl* (1987, dt. 1992, Neuauflage 2002), während sie fast unausweichlich am Rande von gut zehn anderen Büchern auftauchen, die in der Zwischenzeit erschienen sind.

Mir ist das Risiko bewußt, diese Überlegungen Lesern darzubieten, die ihnen nicht unbedingt dasselbe Wohlwollen entgegenbringen wie die Zuhörer, an die ich mich 1979 und dann 1995 und 2002 gewandt habe. Einige Passagen des ersten Teils könnten jüdischen Lesern überzogen oder gelegentlich verwirrend erscheinen, und einige Passagen des zweiten Teils könnten katholischen Lesern verwirrend oder gelegentlich überzogen erscheinen.

Mögen die einen wie die anderen an meine Aufrichtigkeit im Dienst am Wort Gottes glauben, das den Menschen übertragen wurde zum Segen und zum Heil aller.

Nun läßt du, Herr, deinen Knecht,
wie du gesagt hast, in Frieden scheiden.
Denn meine Augen haben das Heil gesehen,
das du vor allen Völkern bereitet hast,
ein Licht, das die Heiden erleuchtet, und
Herrlichkeit für dein Volk Israel
(Lk 2,29–32).

1979

Jesus und das Gesetz

Nach Pfingsten erscheint die Kirche in Jerusalem als „Versammlung", *kahal* auf hebräisch, *ekklesia* auf griechisch. Es ist unvorstellbar, daß sie an die Stelle Israels[1] treten will. Sie ist kein anderes Israel, sie ist *die Vollendung in Israel selbst* des Planes Gottes. Diese Kirche – die des Messias Jesus – ist zunächst die Kirche von Jerusalem, die in der *Apostelgeschichte* beschrieben wird; sie wird die Mutterkirche sein. Diese Kirche erlebt die in Christus gegebene Erfüllung der an Israel ergangenen Verheißungen. Die Israel geschenkte Gnade wird im Messias den Heiden zugewandt. Entsprechend der Formulierung des Lukas im Lobpreis des greisen Simeon (Lk 2,32) ist dieses Kind „ein Licht zur Erleuchtung der Heiden und zur Verherrlichung seines Volkes Israel". Im Anbruch der Erfüllung dieser Erwartung haben die heidnischen Völker Zugang zur Erwählung Israels und Anteil an dieser Gnade.

Der Kirche stellt sich dann die Frage, inwieweit die Heiden, die an dieser Erwählung teilhaben, an die Regeln gebunden sind, die zugleich die Bürde, der Auftrag und das Privileg Israels sind. In welchem Maße müssen sie – wenn überhaupt – eingebunden werden in die Fülle der Sendung Israels? Dies ist das Hauptproblem der ersten christlichen Generation, von dem alle Schriften des Neuen Testaments zeugen.

Die „katholische" Kirche

Die Kirche erscheint – um einen später übernommenen Begriff zu gebrauchen – als „katholische", das heißt „der Gesamtheit

---

1 Der Autor gebraucht hier „Israel" im biblischen Sinn. Der Begriff bezeichnet das jüdische Volk entsprechend dem von Gott gewährten Segen, vgl. Gen 32,29; 35,10. Der Begriff hat die engere Bedeutung von „Staat Israel", wenn dies ausdrücklich hervorgehoben wird.

nach". Sie ist der Gesamtheit nach, da sie die Kirche der Juden und der Heiden ist. Sie vollbringt das Geheimnis des Heiles für alle Völker, da sie die beiden Kategorien vereint, die die Geschichte spalten: jene, die an der Erwählung Anteil hat, Israel, und jene, die kein Anrecht darauf hatte. Den einen wie den anderen wird das Heil als Gnade geschenkt, als unbedingte Gnade.

Diese Kirche ist „der Gesamtheit nach", denn diese „Versammlung Gottes" ist herausgenommen aus Juden wie aus Heiden. Als Kirche kann sie nur im Geheimnis der an Israel ergangenen Gnade fortbestehen. In diesem Geheimnis müssen die Heiden eine Gabe erkennen, die ihnen frei geschenkt wird. Dementsprechend muß Israel, da es die Gabe an die Heiden entdeckt, erkennen, daß das Empfangene eine Gnade ist und nichts Geschuldetes.

In diesem wechselseitigen Geheimnis der Ungeschuldetheit dient der eine dem anderen als Zeuge. Ein jeder bezeugt dem anderen die absolute Ungeschuldetheit der Gabe Gottes, wobei er gleichzeitig die Universalität der Sünde ermessen läßt, das heißt die Universalität des Vergebens Gottes, denn die Sünde wird nur im Erbarmen offenbar. Weil Gott vollständige Barmherzigkeit an Israel übt, kann es entdecken, daß dieselbe Gnade an die Heiden ergeht. Und in dem Maße, wie die Heiden die frei gewährte Gabe daran erkennen, daß sie an der an Israel ergangenen Gabe Anteil haben, offenbart sich die Gnade Gottes in all ihrer Herrlichkeit.

In dieser ersten Kirche beginnt sich der Status der heidenchristlichen Kirchen festzusetzen. Sie sind nicht von der Beobachtung des Gesetzes befreit. Würden die Heiden das Gesetz nicht befolgen, hätten sie weder Anteil an der Erwählung noch an der Gnade. Die Gabe des Geistes jedoch, die Gnade des Messias, erlaubt es, das Gesetz anders zu befolgen, als Israel dies tut. Israel bleibt mit dieser wunderbaren Last der Gesetzesbefolgung beladen.[2]

---

2 „Deine Weisung macht mich froh" (Ps 119,174; vgl. auch 119,24.77.92.143). Das Gesetz wird häufig mit dem „Joch" der Tiere verglichen (vgl. Zef 3,9; Jer 2,20; Sir 51,26). Jesus nimmt das Bild auf: „mein Joch ist sanft, und meine Bürde ist leicht" (Mt 11,30).

Die Kirche von Jerusalem ist somit in der katholischen Kirche die Beständigkeit der an Israel ergangenen Verheißung. Sie ist die Gegenwärtigkeit der Erfüllung, das Zeugnis der den Heiden geschenkten Gnade. So ist die Kirche sowohl die der Juden als auch die der Heiden.

Diese Kirche von Jerusalem bestand höchstens bis zum sechsten Jahrhundert. Das ist eines der Geheimnisse der Geschichte und vielleicht auch ein noch nicht beendetes, großes geistliches Drama. Denn es ist gewiß keine geregelte Angelegenheit, sowenig wie die Trennung von Ost- und Westkirche.[3] Es ist Teil jener Wunden, jener Sünden, die wir wohl anerkennen müssen, die uns richten und in deren Anbetracht wir vom Herrn erwarten müssen, daß er etwas unternimmt, was seiner Verheißung entspricht.

Diese Kirche von Jerusalem wurde unter dem Druck von Byzanz zerstört. Das ist zweifellos einer der großen Verluste im Bewußtsein der Christen. Das Gedächtnis der geschenkten Gnade wurde damit so gut wie verdrängt, zwar nicht von der Kirche *als Braut Christi*, aber von den Christen. Das ist für sie eine Versuchung und eine geistliche Prüfung, ein Grund zur Untreue Christus gegenüber. Hier liegt eines der Hauptprobleme des Christentums.

Der Aufstieg nach Jerusalem

Diese Überlegungen haben mit dem *Verhältnis Jesu zum Gesetz* zu tun. Um dies zu verstehen, muß Matthäus wiedergelesen werden, der in diesem Bezug wohl feinfühligste Evangelist. Beginnen wir mit der Episode vom „reichen Jüngling" während des Aufstiegs nach Jerusalem (Mt 19,16–30).

Sobald sich Jesus auf den Weg nach Jerusalem macht, tauchen Hindernisse und Einwände auf. Zuerst geht es um das Verhältnis zwischen Mann und Frau: „Ist es erlaubt oder nicht, sei-

---

3 Die Trennung erfolgte 1054. Das „Unionskonzil" von Florenz 1439 versuchte die Aussöhnung.

ne Frau zu verstoßen?" Die Antwort Jesu bringt die *Genesis* in Erinnerung: „Der Mensch darf nicht trennen, was der Herr verbunden hat." Doch alles, was im Gesetz die Ehe betrifft, gilt auch – vielleicht sogar vor allem – für die Verbindung Gottes mit Israel. So folgert der hl. Paulus: Die Ehe wird als Sakrament der Vereinigung Gottes mit seinem Volk erleuchtet, nicht umgekehrt (vgl. Eph 5,21–32). Anders ausgedrückt: Es ist nicht die menschliche Liebe, die das Geheimnis Gottes erleuchtet, es ist vielmehr das Geheimnis Gottes, das etwas von der menschlichen Liebe verstehen läßt. Dieses Geheimnis zeigt Israel seine wahre Berufung zu seinem menschlichen Verhalten auf. Die Antwort Jesu zielt auf den Bund Gottes mit seinem Volk: „Was Gott verbunden hat, das darf der Mensch nicht trennen." Seine Antwort bezieht sich also auf Israel und auf die Unauflöslichkeit der Verheißung.

Dann folgen der Aufruf Christi zur absoluten Entsagung sowie seine Aufnahme der kleinen Kinder, während die Jünger sich dem widersetzen.

„Was soll ich tun? – Folge mir nach"

Daraufhin kommt der reiche Jüngling: „Es kam ein Mann zu Jesus und fragte: Meister, was muß ich Gutes tun, um das ewige Leben zu gewinnen? Er antwortete: Was fragst du mich nach dem Guten? Nur einer ist der Gute. Willst du aber ins Leben eingehen, so halte die Gebote! Darauf fragte er ihn: Welche? Jesus antwortete: Du sollst nicht töten. Du sollst nicht ehebrechen. Du sollst nicht stehlen. Du sollst nicht falsches Zeugnis ablegen. Ehre Vater und Mutter". Kurz, „liebe deinen Nächsten wie dich selbst. Der Jüngling sagte zu ihm: Dies alles habe ich gehalten. Was fehlt mir noch? Jesus antwortete ihm: Willst du vollkommen sein, dann geh, verkauf deinen Besitz, gib es den Armen, und du wirst einen Schatz haben im Himmel. Dann komm und folge mir nach. Bei diesem Wort aber ging der Jüngling traurig davon, denn er besaß viele Güter. Und Jesus sagte zu seinen Jüngern: Amen, ich sage euch: Ein Reicher wird schwer eingehen ins Himmelreich. Abermals sage ich euch: Eher geht ein Kamel durch ein Nadelöhr, als ein Reicher in das Reich Gottes. Als die Jünger dies hörten, waren sie sehr betroffen und sagten: Wer kann dann gerettet werden? Jesus blickte sie an und sagte: Bei Menschen ist dies unmöglich, bei Gott aber ist alles möglich."

Die Art, wie Jesus die Gebote aufzählt, ist seltsam. Betrachtet man den *Exodus* (20,2–17) oder das *Deuteronomium* (5,6–21), wird klar, daß Jesus hier die erste Hälfte ausläßt. Er beginnt mit: „Du sollst nicht töten, du sollst nicht ehebrechen, du sollst nicht stehlen, du sollst kein falsches Zeugnis ablegen", und *anschließend* fügt er hinzu: „Ehre Vater und Mutter." Er kommt also an den Anfang zurück.

Eine der einfachsten Erklärungen liegt in der Aufstellung der Zehn Gebote.[4] Normalerweise werden sie parallel auf zwei Tafeln angeführt, wobei das Gebot „Ehre Vater und Mutter" am Ende der ersten Tafel steht, nach den vier auf Gott bezogenen Geboten. Jesus beginnt also mit der zweiten Tafel und kehrt dann zur ersten zurück, die er vom Ende her zitiert.

Das ist eine mögliche Erklärung. Doch bleibt die Tatsache bestehen, daß die ersten vier Gebote, die wichtigsten, nicht zitiert werden – und das ist sehr seltsam. Eigentlich glaube ich jedoch, daß sie ausdrücklich zitiert werden: Um sie geht es sogar in diesem Text. Die „Nachfolge Christi" – das „Folge mir nach" – ist das, was Jesus anbietet, um die Gebote der ersten Tafel, die Gebote Gottes, zu erfüllen.

Diese von Jesus angebotene Weise, die Gebote der ersten Tafel zu beobachten – allen Besitz herzugeben und sein Jünger zu werden –, weist direkt auf das *Schema Israel* im *Deuteronomium* (6,4) hin: „Höre, Israel: Du sollst den Herrn, deinen Gott, lieben mit ganzem Herzen, mit ganzer Seele, mit ganzer Kraft".[5] Die-

---

4 Die Zehn Gebote oder „Zehn Worte" werden dem Bericht des Exodus nach in „zwei Tafeln" aufgeführt (Ex 32,15; 34,1.4.29). Auf Seite 30 werden die beiden Tafeln nach Dtn 5,6–21 wiedergegeben.

5 Es bedarf der vollständigen Lektüre von Dtn 6,4–9: „Höre, Israel! Der Herr unser Gott, der Herr ist einzig. Du sollst den Herrn, deinen Gott, lieben mit ganzem Herzen, mit ganzer Seele und mit ganzer Kraft. Diese Worte, auf die

se Worte wurden von den Weisen zur Zeit Jesu gemeinhin interpretiert als: „mit allem, was du hast", also auch „mit all deinem Besitz".

Gott mit all seinen Kräften zu lieben ist nicht bloß metaphorisch zu verstehen. Es bedeutet konkret: „mit allem, was du besitzt". Du mußt Gott alles geben. Die Antwort Jesu bezieht sich auf diesen Satz des *Deuteronomiums* und gibt ihm lediglich eine ausgesprochen praktische Bedeutung. Er sagt diesem Mann: „Nun denn, so verkaufe deine Güter! Liebe den Herrn mit allem, was du hast. So befolgst du die ersten Gebote. Und die einzige Weise, dies zu tun, ist *mir* nachzufolgen." Denn er ist die Erfüllung des Gesetzes.

Worin besteht die christliche Berufung? Worin besteht die Berufung zur Vollkommenheit, um einzugehen in das Himmelreich und vollkommen zu sein wie der Vater im Himmel? In der Beobachtung der Gesamtheit der Gebote. Jesus tritt mit dem Anspruch auf, sie vollständig zu erfüllen sowie seinen Nachfolgern zu ermöglichen, sie vollständig zu erfüllen.

Diese Lesart wird bestätigt durch die letzten Streitgespräche Jesu im Tempel, die für ihn die Prüfung darstellen, die letzte Versuchung vor seinem Leiden. Im 22. Kapitel des *Matthäusevangeliums* wird Jesus im Gespräch einer dreifachen Versuchung unterworfen: 1) die dem Kaiser geschuldete Steuer; 2) die Frau mit den sieben Männern – was sich seitens der Sadduzäer auf das Gesetz mit Blick auf die Auferstehung bezieht, eine Interpretation, die dem Buchstaben folgt und nicht der Bedeutung des Gesetzes als Gabe des Lebens. Und schließlich: 3) welches ist das größte Gebot? Die Versuchung besteht genau darin, unter den Geboten auszuwählen.

---

ich dich heute verpflichte, sollen auf deinem Herzen geschrieben stehen. Du sollst du sie deinen Söhnen wiederholen. Du sollst von ihnen reden, wenn du zu Hause sitzt und wenn du auf der Straße gehst, wenn du dich niederlegst und wenn du aufstehst. Du sollst sie als Denkzeichen an deine Hand binden und als Mahnmal zwischen deinen Augen tragen. Und du sollst sie auf die Türpfosten deines Hauses schreiben und auf die Tore deiner Stadt."

Das größte Gebot

Um diese dritte Versuchung Christi geht es. Ich gebrauche das Wort „Versuchung", da Matthäus selbst bei der Steuerfrage Jesus dieses Wort in den Mund legt: „Ihr Heuchler, warum versucht ihr mich?" Und etwas weiter, Vers 35, heißt es: „Ein Mann, ein Gesetzeslehrer, fragte ihn, um ihn zu versuchen." Häufig wird dies übersetzt mit „um ihn zu prüfen" oder „um ihm eine Falle zu stellen" usw. Das Wort ist jedoch dasselbe, das der Evangelist bei der Versuchung in der Wüste gebraucht. Dies ist ein ausdrücklicher Bezug auf dieselbe Gegebenheit. Die Versuchung in diesem Fall besteht darin, im Gesetz das größte Gebot auszuwählen. Jesus antwortet: „Du sollst den Herrn, deinen Gott, lieben mit ganzem Herzen, mit ganzer Seele und mit all deinen Gedanken. Das ist das größte und erste Gebot. Ein zweites ist ihm gleich: Du sollst deinen Nächsten lieben wie dich selbst. An diesen beiden Geboten hängt das ganze Gesetz und die Propheten."

Gewöhnlich, häufig aus Unkenntnis, erfassen wir nicht die Tragweite dieses Satzes. Zunächst einmal ist die Art, das Gesetz in diesen beiden Geboten zusammenzufassen, keine Eigenheit Jesu, auch ihre Gleichsetzung nicht. Das findet sich auch in den Lehren der damaligen Weisen. Das Gesetz mit „Du sollst deinen Nächsten lieben wie dich selbst" zusammenzufassen, findet sich ausdrücklich in rabbinischen Schriften jener Zeit.[6]

Die Struktur der beiden Gebote ist offensichtlich. Jesus faßt beide Tafeln in zwei Sätzen zusammen: das *Schema Israel* für die ersten Gebote, und mit dem Passus aus dem *Levitikus* trumpft er auf. Es steht „*und* du sollst den Herrn, deinen Gott, lieben". Es steht „*und*" im Bericht vom reichen Jüngling: „Ehre Vater und Mutter *und* liebe deinen Nächsten wie dich selbst." Um dieses „und" zu unterstreichen, habe ich vorhin mit „kurz" übersetzt, um aufzuzeigen, daß nicht ein Gebot an das andere gereiht wird, sondern daß die Zusammenfassung gebräuchlich

---

6 Von Rabbi Aqiba (45–135 n. Chr.) ist überliefert: „Liebe deinen Nächsten wie dich selbst, dies ist das große Prinzip der Torah."

ist. So wurden damals die den Nächsten betreffenden Gebote in Erinnerung gerufen. Es gab die Gebote Gott gegenüber und die dem Nächsten gegenüber. Die Gesamtheit der Gebote faßt Jesus in zwei Sätzen der Schrift zusammen. Seine Antwort ist also: „Es gibt kein größeres Gebot. Das größte Gebot ist die Gesamtheit der Gebote". Es gibt keine Auswahl. Er verweist seine Versucher auf die Beobachtung des ganzen Gesetzes Gottes, das heilig und einzig ist. Kein Gebot ersetzt ein anderes. Wenn Johannes den Ausdruck benutzt: „Ein neues Gebot gebe ich euch. Liebt einander, *wie* ich euch geliebt habe" (Joh 13,34), so bezieht sich das Neue auf das „wie ich euch geliebt habe". Das Neue betrifft nicht das Gesetz, sondern die Erfüllung des Gesetzes, seine Interpretation, es betrifft die Art, wie Jesus selbst die Gebote erfüllt, indem er sein Leben hingibt.

Das neue Gebot, das ist die konkrete, historische Verwirklichung der Gebote Gottes, in Jesus, dem gehorsamen Sohn. Der vollkommene und liebende Gehorsam zum Vater, mit dem er das Gesetz erfüllt, offenbart, was dieses Gesetz in seiner Vollkommenheit ist.

Das Gebot, wie Jesus zu lieben, tritt nicht an Stelle der Gebote. Dies hätte gar keinen Sinn. Es gibt nur ein heiliges Gesetz. *Das Gesetz*, das ist die Offenbarung der Gebote Gottes. Das Neue besteht im Handeln Gottes, der Israel seinen gehorsamen Sohn sendet. Als zu Pfingsten der Heilige Geist ausgegossen wird über die, die zu Brüdern und Schwestern Christi werden, erfüllt sich, was die Propheten verheißen haben. So schafft der Herr ein Volk, dessen Herz aus dem Geist geboren ist und das im Geist die Gebote der Heiligkeit vollkommen erfüllen wird.

Wiederum - so sagt es Jesus - ist in diesen beiden Geboten das ganze Gesetz samt den Propheten zusammengefaßt.

Wie beobachtet und erfüllt Jesus selbst diese Gebote? Das ist die eigentliche Frage. Können wir noch weiter gehen, um die Bedeutung der Gebote im Leben Jesu und dem seiner Jünger zu verstehen?

Jesus hat über die Gebote nachgesonnen. Alles, was Psalm 119 von der Freude am Gesetz ausdrückt, gehört mit Sicherheit zu seinem Gebet. Das beweisen die Evangelien in Hauptszenen wie die Versuchungen und sein Leiden. Jesus hat die Gebote ständig als Wort des Lebens meditiert. Bei seiner Versuchung in der Wüste zitiert Jesus das *Deuteronomium* (8,3; 6,13.16). Diese Zitate verweisen ausdrücklich auf das *Schema Israel,* das heißt auf die Befolgung der verschiedenen Gebote. Matthäus bezieht sich ausdrücklich darauf. Den Segnungen der Bergpredigt stehen die Verfluchungen der Pharisäer in Kapitel 22 gegenüber. Diese Segnungen und Verfluchungen des Neuen Bundes, wie ihn Jeremia (31) und Ezechiel (34–37) verheißen haben, rahmen die Meditation wie die Erfüllung des Gesetzes ein. Einer der Kernpunkte des Lebens wie der Predigt Jesu muß also im Hinblick auf diese Gebote ausgelegt werden.

Zurück zum reichen Jüngling: Die Jünger sind verblüfft über die Forderung Jesu. Nicht nur verblüfft, sondern erschüttert. Diese Forderung erscheint ihnen unmöglich: „Wer kann dann gerettet werden?" Jesus blickte sie an, als er antwortete: „Für Menschen ist das unmöglich, doch für Gott ist alles möglich." Diese Antwort weist ausdrücklich auf die prophetische Verheißung hin: Da Israel die Erfahrung gemacht hat, daß es menschlicher Macht unmöglich ist, der Erfüllung der Gebote treu zu bleiben, geht Gott selbst in seiner Liebe so weit, Israel zu versprechen, sein Herz zu ändern und es – unverdientermaßen – fähig zu machen, die Gebote zu erfüllen.

Der Bund ist die Gabe des Gesetzes als Gabe des Lebens. Die Israel angetragene Wahl ist eine Wahl des Todes oder eine Wahl des Lebens. Indem es den Bund befolgt, tritt Israel in das Leben ein. Damit Gott seine Gnade offenbart und alle Menschen rettet, bedarf es einer entscheidenden geistlichen Erfahrung. Israel muß seine Schwäche erfahren und entdecken, daß der Mensch von sich aus unfähig ist, die Gabe des Lebens zu bewahren. Im Menschen ist die Last des Todes zu mächtig. Er muß seine radikale Schwäche erkennen, seine Sünde, bis er den Herrn anfleht, er möge ihm gnadenhaft gewähren, das zu tun, was Gott zu erfüllen von ihm verlangt. Darin besteht also die Verheißung des Neuen Bundes: Gott wird zum Partner desjenigen, mit dem er den Bund schließt, denn es ist Gott selbst, der seinen Geist in das Herz seines Sohnes Israel legt. Und die Kraft Gottes ermöglicht es Israel, das Gesetz zu erfüllen. Gott wird das Herz aus Stein von seinem Volk entfernen und ihm ein Herz aus Fleisch geben. Das ist nicht mehr bloß ein zerknirschtes, ein zermahlenes Herz (Ps 51,19), so wie der Stein zermahlen ist, sondern ein Herz aus Fleisch, ein lebendiges Herz, das, vom Heiligen Geist erfüllt, in eine liebende Gemeinschaft mit Gott eingehen kann. Diese Verheißungen des *Deuteronomiums* sind der Neue Bund. Das Neue Testament ist nichts anderes als das *Deuteronomium,* bis auf einen Unterschied: Das, was als Verheißung gegeben ist, wird von Jesus überdies als erfüllt dargestellt. Das ist die Offenbarung der Erfüllung. Was bedeutet „erfüllt"? Wie weit reicht die Tiefe der Liebe Gottes? Wie kann Gott dem gehorsamen Menschen ein Herz aus Fleisch geben? Wie kann der Herr somit aus Israel seine treue Braut machen? Das ist das Geheimnis, das uns in Christus Jesus offenbart ist, und dessen abgründige Tiefe dem Menschen unermeßlich bleibt.

Wieso haben diese Gebote solch eine Bedeutung? Wie können wir sie besser verstehen?

Der Aussage des *Levitikus:* „Seid heilig, weil ich heilig bin" (11,44; 19,2) entspricht in der Bergpredigt: „Seid vollkommen, wie euer Vater im Himmel vollkommen ist" (Mt 5,48). Die Bergpredigt ist überhaupt nicht als die Ersetzung eines Gebotes durch ein anderes aufzufassen: man hat euch gesagt, ich aber sage euch ... Hier stehen sich zwei Interpretationen gegenüber, aber es wird kein Gesetz durch ein anderes ersetzt. Gebraucht man den Ausdruck „neues Gesetz",[7] muß klar sein, was man darunter versteht. Handelt es sich um die Neuheit des Heiligen Geistes, der das Herz des Gläubigen ergreift, wenn

---

7   Dieser Ausdruck ist nicht biblisch. Er taucht später in der kirchlichen Tradition auf, um die Gabe des Heiligen Geistes zu bezeichnen, die uns nach der Gnade Christi und seinem Evangelium entsprechend zu leben erlaubt.

dieser an Christus teilhat – das Gesetz des Geistes im Sinne des hl. Paulus[8] –, dann ist dieser Ausdruck zwingend. Wollte man damit aber sagen, daß eine Offenbarung durch eine andere ersetzt wird, so hieße das, nichts mehr vom Geheimnis Christi zu verstehen. Es würde bedeuten, die Gabe Gottes zu verneinen. Wieso sind uns diese Gebote gegeben?

Wenn von uns verlangt wird, vollkommen zu sein wie unser Vater im Himmel vollkommen ist, wenn von uns verlangt wird, heilig zu sein, da Gott heilig ist, so erschließt uns Jesus selbst diese Interpretation, wenn er am Ende der Bergpredigt zur Vergebung einlädt, dazu, über das Gesetz der Vergeltung hinauszugehen: „so werdet ihr sein wie euer Vater im Himmel, der seine Sonne aufgehen läßt über Gerechte und Ungerechte" (Mt 5,45). Das Gesetz ermöglicht uns, zu handeln wie Gott. Im Nachsinnen Jesu offenbart uns das Gesetz, wie Gott handelt. Das Gesetz ist Vorschrift für den Menschen und Offenbarung des Handelns Gottes und seines Geheimnisses.

Dies könnte widersprüchlich erscheinen: „nicht stehlen", „sich keine Bildnisse machen" usw. – können uns all diese Gebote, die wir im Katechismus auswendig gelernt haben und die uns etwas lächerlich und engstirnig vorkamen, tatsächlich als Offenbarung des Gottesmysteriums vorgestellt werden? Wie könnten wir durch die Beobachtung der Gebote so handeln wie Gott, wenn diese Gebote nicht das Handeln Gottes offenbarten?

Wir müssen in das Gebet Jesu eingehen – das können wir durch das Evangelium –, um zu verstehen, was uns die Gebote über die Handlungsweise Gottes offenbaren, um zu verstehen, inwieweit sie uns Anteil am Handeln Gottes verleihen.

Die gängige Interpretation der Antwort an den reichen Jüngling, die zwischen dem Gesetz und den evangelischen Räten unterscheidet, geht nicht tief genug. In diesem *Midrasch* sind die Räte Teil des Gesetzes. Tatsächlich sind sie die ersten Gebote und sie beleuchten die anderen. Gewiß gibt es verschiedene Weisen, sich an bestimmte Vorschriften und Praktiken zu halten: die der Kirche von Jerusalem, wie zum Beispiel heute im

---

8   Röm 8,2 (wörtlich): „das Gesetz des Geistes des Lebens".

monastischen Leben, und die der heidenchristlichen Gemein-schaften, wobei alles der Liebe, dem höchsten Gut der Kirche, unterworfen sein muß. Für die Erbauung aller sind die verschiedenen Charismen gegeben, doch gibt es nur eine Weise, Gottes Willen zu tun, nämlich die Gebote zu erfüllen.

Sie selbst offenbaren uns etwas von der Handlungsweise Gottes. Wenn Jesus zum Beispiel das Gebot „du sollst nicht töten" kommentiert, dabei Zorn und Beschimpfung mit einbezieht und sofort die Notwendigkeit der Versöhnung folgen läßt (vgl. Mt 5,21–26). Dem mörderischen Wollen des Menschen setzt Christus die unendliche Fähigkeit zur Vergebung und das Wohlwollen entgegen. Das verweist uns auf dieses grundlegende Geheimnis: Gott ist nicht Urheber des Todes (vgl. Weish 1,13); er ist der Vater des Lebens, er gibt das Leben. Er bewahrt im Leben und er vergibt, denn der Tod, so wie wir ihn verstehen, ist physisch und fleischlich, doch er ist auch die Sünde. Die Vergebung ist eine Auferstehung von den Toten. Gott erfüllt das Gebot „du sollst nicht töten", indem er Leben schenkt und vergibt. Er weckt von den Toten auf und übt Barmherzigkeit. Der Jünger, der an der wunderbaren Großzügigkeit und Barmherzigkeit Gottes teilnimmt, erfüllt so das Gebot: „du sollst nicht töten".

Erste Tafel

1. Ich bin der Ewige, dein Gott, der dich aus Ägypten geführt hat, aus dem Sklavenhaus.

2. Du sollst keine anderen Götter haben. Du sollst dir kein Götzenbild machen, noch ein Bild von dem, was oben im Himmel ist, unten auf der Erde oder in den Wassern unter der Erde. Du sollst dich nicht vor ihnen niederwerfen, noch ihnen dienen. Denn ich der Ewige, dein Gott, bin ein eifersüchtiger Gott, der die Schuld der Väter ahndet an den Söhnen bis in die dritte und vierte Generation, bei denen, die mich hassen, und der Huld bis in die tausendste denen erweist, die mich lieben und meine Gebote halten.

3. Du sollst den Namen des Ewigen, deines Gottes, nicht leichtfertig aussprechen, denn der Ewige läßt den nicht ungestraft, der seinen Namen unnütz ausspricht.

4. Gedenke des Sabbat, um ihn zu heiligen. Sechs Tage sollst du arbeiten und dein Werk tun, doch der siebte Tag ist Sabbat für den Ewigen, deinen Gott. Du sollst keinerlei Werk tun, du nicht, nicht dein Sohn, nicht deine Tochter; nicht dein Diener, nicht deine Dienerin; das Vieh nicht und nicht der Fremde, der in deiner Stadt ist, denn in sechs Tagen hat der Ewige Himmel, Erde und Meer erschaffen und alles, was sich darin befindet, und am siebten Tag hat er geruht. Daher hat der Ewige den Tag des Sabbat gesegnet und geheiligt.

5. Ehre deinen Vater und deine Mutter, auf daß deine Tage zahlreich seien auf der Erde, die der Ewige, dein Gott, dir gibt.

Zweite Tafel

6. Du sollst nicht töten.

7. Du sollst nicht die Ehe brechen.

8. Du sollst nicht stehlen.

9. Du sollst nicht falsches Zeugnis über deinen Nächsten geben.

10. Du sollst nicht das Haus deines Nächsten begehren. Du sollst nicht die Frau deines Nächsten begehren, nicht seinen Diener, nicht seine Dienerin, seinen Ochsen und seinen Esel nicht, nichts, was deinem Nächsten gehört.

Die Zehn Worte

Die Zehn Gebote stellen nicht das gesamte Gesetz dar – das, was man die Vorschriften und Werke nennt, die *Mitzvoth.* Die Idee, das Gesetz auf verschiedene Weise zusammenfassen zu können, ist im Judentum verbreitet. Das Evangelium erinnert uns mehrmals daran, denn mindestens vier oder fünf Zusammenfassungen des Gesetzes sind uns im Neuen Testament genauso wie in den rabbinischen Kommentaren vorgelegt:

– Die Zehn Gebote, die „Zehn Worte"[9] (Ex 20,1–17).

– *Schema Israel:* „Höre Israel! Der Herr, dein Gott, ist einzig" (Dtn 6,4).

– Das Wort aus dem *Levitikus:* „Liebe deinen Nächsten wie dich selbst" (Lev 19,18).

– „Der Gerechte lebt aus dem Glauben" (Hab 2,4), ein Ausspruch, den Paulus übernehmen wird (Röm 1,17), der jedoch weder von ihm noch aus dem *Hebräerbrief* stammt (Hebr 10,38).

– Das Resümee, das sich Jesus in der Bergpredigt zu eigen macht (Mt 7,12): „Alles, was ihr von Menschen erwartet, das tut auch ihnen! Darin besteht das Gesetz und die Propheten." Bei Hillel[10] findet man dieselbe Aussage, an einen Heiden gerichtet, doch negativ formuliert: „Was hassenswert ist für dich, das tue auch keinem anderen an" (Traktat Sabbat 30a).

Diese Gewohnheit, das Gesetz durch verschiedene Vorschriften zusammenzufassen, ist eine geistliche Haltung, die sich beim hl. Franz von Assisi wiederfindet: „Die ganze Nachfolge Christi besteht in der Armut." Es geht darum, einen zentralen Aspekt der Vereinigung mit Gott zu erfassen und diesen mit ei-

---

9   Der Ausdruck ist biblisch und bezeichnet, was wir gewöhnlich die Zehn
     Gebote nennen (vgl. Ex 34,28.31; 35,1.4; 40,1; Lev 1,1; 4,1; 5,14.20; 6,1.12) .
10   Hillel ist die markanteste Figur unter den Pharisäern. Geboren wurde er um
     50 v. Chr. in Babylonien aus einer adligen Familie, er starb um 10 n. Chr. Er
     ging ins Land Israel, um zu studieren und ein entbehrungsreiches Leben zu
     führen. Mit obigem Zitat bekehrte er einen Heiden, der ihn herausgefordert
     hatte, ihn die ganze Torah zu lehren, während er auf einem Bein steht.

nem prägnanten Wort auszudrücken, das die geistliche Kraft zusammenfaßt. Dieses Wort will allerdings weder alles sagen, noch den Rest ausschließen.

Die Zehn Worte, über die wir nachsinnen, sind also ein Modus, das Gesetz zusammenzufassen, die Jesus der rabbinischen Tradition entleiht. So dringen wir zur Art seines Gebetes, seines Nachsinnens vor, zur Art, wie er diese Lehre empfangen hat und sie uns vermittelt. Wir dringen vor zur geistlichen Intuition, die im Zentrum der Botschaft Christi steht; doch das erstreckt sich nicht über die Gesamtheit der Gebote.

Versuchen wir zu entdecken, was uns diese Zehn Worte vom Gottesmysterium offenbaren, was Jesus uns darüber sagt und wie Christus selbst sie erfüllt.

Vor solchen Fragen kann man eigentlich nur stottern, doch man muß sie sich stellen, denn Christus selbst – Gott selbst – fordert uns dazu auf. Uns diese Frage zu stellen bedeutet nicht, schon eine Antwort zu haben. Wir wissen, daß hier ein unerschöpfliches, verwirrendes Geheimnis ist, in dem sich die Herrlichkeit Gottes offenbart.

Ich werde nur einige Gebote behandeln. Jeder kann für sich weitergehen. Was Gott dabei offenbaren mag, übertrifft bei weitem, was wir uns gegenseitig mitzuteilen vermögen.

Diese Gebote werde ich in der Reihenfolge aufnehmen, in der sie von Jesus in der Episode des reichen Jünglings zitiert werden. Danach kehren wir zur ersten Tafel zurück.

„Du sollst nicht töten"

In der Bergpredigt (Mt 5,21ff.) kommentiert Jesus selbst das erste Gebot („Du sollst nicht töten. Du sollst keinen Mord begehen") und, ich wiederhole, sein Kommentar ist eine Interpretation des Gesetzes unter anderen. Die Worte „euch wurde gesagt" und „ich aber sage euch" beziehen sich auf die verschiedenen Interpretationen. Christus ersetzt kein Gesetz durch ein anderes. Wollte man von „Ersatz" sprechen, so käme man zu gänzlich unhaltbaren Aussagen wie zum Beispiel: „Euch wurde gesagt: Liebe deinen Nächsten und hasse deinen Feind, ich aber sage euch ..." usw. Nur: „Hasse deinen Feind" findet sich nirgends im Gesetz. Es könnte also eine Anspielung auf Lehren sein, die aus Qumran[11] oder anderen geistlichen Bewegungen seiner Zeit stammen. Das wäre ein Kommentar zu Kommentaren. Zudem sagt Jesus ausdrücklich: „Denkt nicht, ich sei gekommen, das Gesetz und die Propheten aufzuheben. Ich bin nicht gekommen, um aufzuheben, sondern um zu erfüllen. Amen, ich sage euch: Bis der Himmel und die Erde vergehen, wird kein einziges Jota – kein Strich – vom Gesetz vergehen, bevor nicht alles geschehen ist" (Mt 5,17f.). Und wenn er seinen Jüngern sagt, sie seien das Licht der Welt (Mt 5,14), so bedeutet dies: Das Licht der Welt ist Israel, und zwar in dem Maße, wie Israel das Gesetz beobachtet, und das Gesetz ist das Licht, das Gott den Menschen zu ihrem Heil gegeben hat. Eben dieses Wort, das Jesus nach Matthäus an seine Jünger richtet, bezieht Jesus nach Johannes auf sich selbst: „Ich bin das Licht der Welt" (Joh 8,12; 9,5; 11,9). Damit wird unterstrichen, daß diese vollkommene Erfüllung des Gesetzes nur in Jesus gegeben ist. Die Jünger sind nur in dem Maße Jünger, wie sie an der Erfüllung des Gesetzes in Jesus selbst teilhaben. So wie „das Salz der Erde" (Mt 5,13) auf das „Salz des Bundes" anspielt (eine Bundesart im AT, vgl. Lev 2,13; Num 18,19; 2 Chr 13,5), so sind die Jünger Zeichen des Bundes, den Gott mit seinem Volk zum Heil der Menschen schließt. Die Jünger sollen Bürgen sein für diesen Bund und für diese Treue Gottes.

Jesus kommentiert das erste Gebot als Auftrag, so zu handeln wie sein Vater handelt: in Barmherzigkeit und Vergebung.

Es ist verständlich, daß er das an dieser Stelle sagt. Wie ist unser Vater im Himmel barmherzig? Wie ist der Vater Jesu Christi barmherzig? Wie also beobachtet er das Gebot, nicht zu töten?

---

11 Ab 1947 wurden in Qumran am Toten Meer mehrere Schriftrollen gefunden (u. a. auch das Buch Jesaja). Sie geben Aufschluß über das Leben der Essener, die seit der Mitte des 2. Jh. v. Chr. dort lebten. Es waren Juden, die Gesellschaft und Tempelkult mieden und sich zu einer Gemeinschaft zusammenschlossen, um ein Leben des Gebetes, des Studiums und der Askese zu führen.

Bei Johannes lesen wir: „Der Teufel ist ein Mörder von Anfang an" (8,44), wohingegen Gott, der Vater des Lebens, den Tod nicht geschaffen hat. Nicht nur gibt er das Leben, er vergibt auch die Sünde, und die Vergebung der Sünde ist bereits eine Auferstehung der Toten. Wie gibt sich die Macht Gottes zu erkennen? Der mörderische Wille, der im Herzen des Menschen wohnt, tötet den Menschen geistlich. Wenn Gott ihm vergibt, so gibt er ihm das Leben wieder, er erweckt ihn zum Leben. Jesus zeigt den Jüngern, wie dieses Gebot zu erfüllen ist: barmherzig zu sein, wie der Vater im Himmel barmherzig ist.

Dieses Gebot, nicht zu töten, erfüllt Jesus in seinem Leiden. Er liefert sich selbst der Macht des Todes aus, denn er trägt die Sünde der Welt. Jesus gibt sich in die Hände Gottes, der das Leben gibt und die Toten auferweckt. Der auferstandene Jesus ist die Quelle der Vergebung, die Quelle der Gabe des Heiligen Geistes, der Leben spendet. Denn allein im Heiligen Geist wird das Leben gegeben.

So wie durch Jesu Tod der Heilige Geist ausgegossen, gegeben wird, als Quelle der Vergebung und Quelle des Lebens, als Quelle der Vollkommenheit und des Gehorsams zum Vater, so sollen nun auch die Jünger, den Vater nachahmend, das Gebot „Du sollst nicht töten" erfüllen. Wenn wir so in Jesus handeln, handeln wir mit göttlicher Macht, dann handeln wir göttlich, wie unser Vater im Himmel handelt und wie Jesus selbst handelt.

Im strengen Sinne des Wortes kann Vergebung nur von Gott kommen. Nur Gott kann vergeben, denn nur Gott kann schaffen. Der Mensch kann nicht schaffen, kann nicht von den Toten auferwecken, kann nicht vergeben, denn die Sünde des Menschen ist Ursprung des Todes. Der Mensch kann seine eigene Sünde vergessen, er kann sie verdrängen in das Vergessen und die Gleichgültigkeit, er kann unempfindlich werden für das vergangene Leid – die wahre Vergebung jedoch ist ein wirklich göttliches Werk. Wenn also Jesus seine Jünger zur Vergebung auffordert, dann meint dies, daß Israel und die Jünger Jesu so handeln sollen wie Gott, das heißt mit nichts als Gottes Kraft. Das solcherart zu seinem Vollsinn gebrachte Gesetz erscheint den Jüngern als unerreichbar für Menschen. In dieser Vollkommenheit betrachtet ist das Gesetz nicht zu verwirklichen, nicht anzuwenden. Es übersteigt menschliche Kraft. Sollten wir auch nur im geringsten meinen, es sei doch erreichbar, dann können wir sicher sein, es zu verfehlen. Dann würden wir nämlich menschlich handeln – und menschlich können wir nicht vergeben, wie Gott dies tut. Dann wären wir Heuchler oder Lügner, wir hätten ein gespaltenes Herz oder würden uns täuschen. Denn in dieser Welt göttlich zu handeln gelingt nur in der Kraft Gottes. Somit ist der Jünger gezwungen, das Gesetz vollkommen zu erfüllen und gleichzeitig seine Ohnmacht zu erkennen, es zu erfüllen, sowie seine Sünde zu erkennen. Er wendet sich an das Gebet, das das Volk Gottes an seinen Herrn richtet: „Gib uns ein neues Herz. Schaffe mir ein reines Herz, das deine Gesetze erfüllen kann" (Ps 51).

Das Gebot bezüglich des Ehebruchs

Auf welche Weise begeht Gott keinen Ehebruch?
Die Heiligkeit der Ehe für Israel wird durch die Interpretation Jesu bei zwei Gelegenheiten in den synoptischen Evangelien noch betont (Mt 19,1–9; 22,23–33). Die Ehe ist das Zeichen und das Sakrament des Bundes Gottes mit seinem Volk. Gott begeht keinen Ehebruch, da er seinem Bund absolut treu bleibt. Selbst dann bleibt er ihm treu, wenn sein Volk, von den Götzenbildern verführt, ehebrecherisch wird. Der Mensch betrügt ständig die Treue Gottes, wohingegen die Treue Gottes seinem erwählten Volk gegenüber absolut ist. Aus diesem Grund können wir uns übrigens verpflichten, denn wir tun dies nicht auf unsere Treue hin, sondern wir verpflichten uns auf die Treue Gottes. Die Treue des Menschen, dieses Gebot zu beobachten, sowie die Treue Israels sind gänzlich in der Tatsache verankert, daß Gott treu ist. In der Erfahrung seiner eigenen Untreue, seines Ehebruchs, kann Israel die wahre Treue vom Herrn empfangen. Daran denkt Jesus, wenn er als Bräutigam Israels auftritt: als Zeichen und Sakrament der Treue Gottes, der kommt, um seine Herrschaft aufzurichten und seine Braut, sein treues Volk, heimzuführen.

In der Offenbarung treffen wir auf dasselbe Motiv – die gebärende Frau (Offb 12,1-6), die Braut die aus der Höhe kommt, das heißt die Kirche.

Wie erfüllt Jesus selbst dieses Gebot? Indem er als der Bräutigam der eschatologischen Hochzeit auftritt. Das ist der Sinn der Hochzeit zu Kana, wo bereits der Wein des ewigen Reiches gereicht wird, vorweggenommen in der Ankunft Jesu (Joh 2,1-12).

Dieser Wein des ewigen Reiches ist nicht der eucharistische Wein. Im Abendmahlsbericht, so wie ihn Matthäus überliefert, wird folgendes über den Kelch gesprochen: „Trinkt alle daraus; das ist mein Blut, das Blut des Bundes, das für viele vergossen wird zur Vergebung der Sünden. Ich sage euch: Von nun an werde ich nicht mehr von dieser Frucht des Weinstocks trinken, bis zu dem Tag, an dem ich mit euch von neuem davon trinke im Reich meines Vaters" (Mt 26,27-29). Der Wein des Reiches jedoch, von dem hier die Rede ist, ist der Wein der endgültigen Erfüllung. Es ist der Wein, den wir mit dem Herrn in der Auferstehung trinken werden, ein Wein, der in unserer Eucharistie nur vorweggenommen ist. Dieser Wein unserer Eucharistie ist der Kelch des Leidens Christi, der uns an seinem Leiden teilhaben läßt. Er ist noch nicht der eschatologische Hochzeitswein des auferstandenen Christus, der Wein des Gelobten Landes, das uns gegeben wird. Dort werden alle Menschen versammelt sein, und es wird dort keine Tränen, kein Wehklagen, kein Schreien und keine Schmerzen geben. Dort werden wir an der Hochzeitsfreude und der Gegenwart des Bräutigams inmitten seines Volkes Anteil haben. Das ist der eschatologische Wein. Jesus kündigt ihn an, als er sich bei der Hochzeit zu Kana als Bräutigam zu erkennen gibt. Johannes sagt ja, daß diese Hochzeit das erste Zeichen war, und daß die Jünger seine Herrlichkeit sahen und an ihn glaubten.

Die Treue des Herrn zu seinem Volk ist erfüllt und im Messias Jesus gegeben. Das kann keinesfalls bedeuten, daß Israel verworfen wäre. Das würde ja heißen, Gott sei untreu. Das würde das Wort Gottes und das Wort Jesu selbst Lügen strafen. Im christlichen Glauben ist diese Gewißheit nicht nebensächlich.

Uns ist bewußt, daß es in der gesamten Geschichte der Menschheit ein Geheimnis der Sünde und der Untreue gibt.

Doch Christus ist genau der Beweis der Treue Gottes. Daß das Heilsgeheimnis beiseite nimmt und abgrenzt, daß dessen Logik sich uns entzieht und das Erlösungsmysterium uns häufig die Hoffnung nur verdeckt und die Herrlichkeit nur im Leiden erleben läßt – das ist eine andere Sache. Als Jünger müßten wir besser darauf vorbereitet sein, sensibler dafür sein. Doch eben deswegen können sich gerade die Jünger Jesu Gott nicht als untreu vorstellen. Das ist undenkbar. Das ist gotteslästerlich.

*

Alle anderen Gebote sind negativ. Ihre Anwendung auf Gott wird nur durch ihre positive Übertragung verständlich.

„Du sollst nicht stehlen." Wie kann der Mensch sich Güter dieser Welt aneignen, da doch alles hoheitlich Gott gehört, der allein Herr der Welt ist? Daß der Mensch seinen Nächsten nicht bestehlen soll, besagt auch, daß der Mensch sich die Güter dieser Welt, die allein Gott gehören, nicht aneignen soll. Diese Güter stehen also allen zur Verfügung. Hier müßte man die Einstellung Jesu zu den Gütern dieser Welt sowie seine diesbezügliche Unterweisung der Jünger untersuchen.

Desgleichen wirft das Gebot bezüglich des falschen Zeugnisses die Wahrheitsfrage auf. Es beschränkt sich nicht darauf, sich falscher Eide zu enthalten. Jesus selbst kommentiert seine Lehre in der Bergpredigt (Mt 5,33 ff.): „Euer Ja sei ein Ja, euer Nein ein Nein; alles andere ist vom Bösen." Das ist das Zeugnis der göttlichen Wahrheit. Paulus knüpft daran an, wenn er sagt, daß Jesus vollkommen Ja war, vollkommen amen (2 Kor 1,19). Er war vollkommene Treue und vollkommene Wahrheit Gottes, in die sich keine Lüge einschlich. Hierzu gehört auch das Thema des zwiespältigen und heuchlerischen Herzens, von dem in der Schrift die Rede ist und das Jesus häufig erwähnt.[12]

---

12 Vgl. Jer 9,2–8.25; Ps 12,3; 119,113; Sir 1,28; 2,12; 5,9; 6,1; Spr 11,20 und Hiob 36,13. Siehe auch Jes 1,10–20; 29,13–14; Am 5,14f.21–27; 8,4–8; Ps 26,4 („Heuchler"). Die Psalmen sprechen auch von „falschen Lippen" (Ps 17,1; 120,2). Bei Mt siehe 6,2.5.16; 15,7.8 f.; 22,18; 23,13.

„Ehre Vater und Mutter"

Kehren wir zur ersten Tafel zurück: „Ehre Vater und Mutter."
Handelt es sich dabei lediglich um kindliche Ehrerbietung, so
wie wir es gemeinhin verstehen? Was bedeutet das auf seiten
Gottes? Wie sollte Gott ein solches Gebot befolgen?

Offenbart dieses Gebot nicht das Geheimnis der Erwählung?
Wenn Gott uns auffordert, Vater und Mutter zu ehren, meint das
uns als Nachkommenschaft derer, die uns die Offenbarung Gottes anvertraut haben. Das ist die konkrete, ganze Geschichte der
Erwählung: der Gott Abrahams, Isaaks und Jakobs, der Gott der
Patriarchen. Von diesem Gebot, Vater und Mutter zu ehren,
steht im *Deuteronomium:* „Diese Worte, auf die ich dich heute
verpflichte, wiederhole sie deinen Kindern" (6,6). Es geht also
um die menschliche Nachkommenschaft, die die Erwählung
und die Treue Gottes in die Geschichte einschreibt. In der Wahl
der Patriarchen, in der Wahl Israels lesen wir, wie Gott dieses
Gebot erfüllt. Indem Gott sein Volk zum Segen für alle Völker
erwählt, macht er die Geschichte der menschlichen Abstammung zur Heilsgeschichte. Es geht nicht darum, Vater und Mutter aus Gehorsam zu ehren. Sie sollen geehrt werden, weil die
menschliche Abstammungsgeschichte in der Liebe Gottes zur
Menschheit eine heilige Geschichte ist. In dieser Liebe erwählt
Gott Israel, seinen Knecht, damit alle Völker in ihm Anteil haben am selben Segen. Die Heilsgeschichte und der Segen Gottes
schreiben sich in die konkrete Liebe ein, die der Zeugung der
Menschen innewohnt.

Christus erfüllt dieses Gebot nicht allein dadurch, daß er Josef
und Maria gehorsam ist. Vielmehr eröffnet er der Familie eine
eschatologische Dimension, wenn er sagt: „Wer sind meine Brüder, wer ist meine Mutter? Wer den Willen Gottes erfüllt, ist mir
Mutter, Bruder ..." (Mt 12,48). Er erschafft uns als Brüder im
Herrn, da er uns dem einzigen Vater zuwendet, der Vater im
Himmel ist.

„Gedenke des Sabbat"

Wenden wir uns nun den anderen Geboten der ersten Tafel zu und dem vielleicht Überraschendsten, der Frage des Sabbat. Alles hängt davon ab, wie die Polemik bezüglich des Sabbats, die besonders bei den Synoptikern begegnet, verstanden wird. Moderne Leser verstehen das häufig folgendermaßen: Auf der einen Seite stellen sie sich eine ausgesprochen formalistische, kleinliche, enge und rituelle Religion vor. Auf der anderen Seite hingegen gäbe es eine Offenheit, die jenseits der Zwänge und Beschränktheiten der Klerikalen den Zustand des Menschen emanzipieren wollte. Demnach bestünde die Vervollkommnung der Gesetzesbefolgung darin, gar nichts mehr zu befolgen, somit auch nichts mehr zu beachten, da es keine engen Gesetze mehr zu beachten gibt.

Worum genau geht es bei der Debatte über den Sabbat, wie er bei den Synoptikern vorliegt? Sieht man näher hin, springt der Sinn in die Augen. Es geht nicht darum, das Gedenken des Sabbat abzuschaffen, sondern ganz im Gegenteil darum, ihn vollständig zu entfalten, ihn vollständig zu erfüllen. Jesus bezeichnet sich selbst als Herr über den Sabbat. Wörtlich heißt es: „Der Menschensohn ist Herr über den Sabbat" (Mt 12,8). Der Herr über den Sabbat ist weder der Tyrann, noch der, der ihn aufhebt; er erfüllt ihn, da er seiner gedenkt. Doch wie gedenkt er des Sabbat? So, wie Gott selbst am Tage des Sabbat geruht und sich an seiner Schöpfung erfreut hat (Gen 2,2f.; Ex 20,11; 31,17; vgl. Hebr 4,4f.). Es ist der Tag, an dem Gott das Leben schenkt, an dem er sich am Menschen erfreut, den er geschaffen hat, den er durch das Gebot, mit ihm zu ruhen, einlädt, in sein eigenes Leben einzutreten, also teilzuhaben an seiner Freude an der Schöpfung.

Der Sabbat ist der Tag der Vollendung des Gotteswerks, der Tag, an dem das Geschöpf Anteil an der Ruhe des Herrn haben kann. An diesem Tag nimmt das Geschöpf an der Freude des Schöpfers teil und erkennt den Schöpfer aller Dinge. Jesus, der sich als Herr über den Sabbat bezeichnet, verkündet den eschatologischen Sabbat. An diesem Tag gibt er das Leben, er heilt. Die Diskussion betrifft nicht irgendwelche Kleinigkeiten, was man tun darf oder nicht. Der Konflikt betrifft die Person Jesu. Jesus gedenkt des Sabbat, und er verkündet das Kommen des endgültigen Sabbat, an dem das Leben Gottes seinem Volk in Fülle gegeben wird. Jesus, der Herr über den Sabbat, der Gesandte Gottes, kann an diesem Tag das Leben geben und die Sünden vergeben. Ginge es lediglich um Kasuistik über Erlaubtes und Verbotenes, hätte das Verhalten Jesu so manchen Verteidiger gefunden, auch unter den Rabbinern seiner Zeit, einschließlich der engen Kasuistik einiger von ihnen.

Wir Christen müssen dementsprechend verstehen, daß wir in den ersten Tag der eschatologischen Woche eingetreten sind. Der erste Tag, das ist der Sonntag. Das ist die hebräische Art, die Tage zu zählen. So übrigens auch in den Auferstehungsberichten (vgl. Gen 1,5; Mt 28,1; Mk 16,2.9; Lk 24,1; Joh 20,1.19). Im ersten Tag der Woche entfaltet sich der eschatologische Sabbat. Im christlichen Verständnis besteht die Freude der Jünger darin, sich in einer Art von ständigem Sabbat zu befinden. Das läßt die Frage nach der Praxis der verschiedenen Kirchen und ihrer vielfältigen Traditionen unberührt.

Jedenfalls können wir die Wunder, die Jesus am Sabbat wirkt, sowie die Polemik, die damit im Neuen Testament einsetzt, nur verstehen, wenn wir den Sinn und die Tragweite dieses Tuns Jesu erkennen.

„Ich bin der Herr, dein Gott"

Kommen wir schließlich zum Beginn des Dekalogs: „Ich bin der Herr, dein Gott, der dich aus Ägypten geführt hat, dem Sklavenhaus. Du sollst keine anderen Götter haben. Du sollst dir kein Schnitzbild machen, nichts, das dem ähnelt, was oben im Himmel ist, unten auf der Erde oder in den Wassern oder unter der Erde. Du sollst dich nicht vor den Göttern niederwerfen, noch ihnen dienen. Denn ich der Herr, dein Gott, bin ein eifersüchtiger Gott, der die Schuld der Väter ahndet an den Kindern, den Enkeln und den Urenkeln, bei denen, die mich hassen, aber der Gnade erweist Tausenden, die mich lieben und meine Vorschriften halten. Du sollst den Namen des Herrn, deines Gottes, nicht zu Unrecht aussprechen, denn der Herr läßt den nicht ungestraft, der seinen Namen zu Unrecht ausspricht."

Wir sollen Gott, den Einzigen, anbeten, wenn er sich als Quell des Lebens offenbart, als der einzige Gott, der lebendig ist, nicht tot wie die Götzen. Indem er sein Wort hingibt, offenbart er uns den Sinn seiner Schöpfung und unseres Daseins. Das fleischgewordene Wort, sein gehorsamer Sohn, erweist uns die Gnade, ebenfalls seine Gebote zu erfüllen.

Um dies zu verstehen, greifen wir die Versuchungen Jesu wieder auf und betrachten sie (Mt 4,1–11), denn dieser Abschnitt in der Wüste folgt unmittelbar der Herabkunft des Geistes auf Jesus. Von da an wird offenbar, daß er das Gesetz Gottes vollständig und vollkommen erfüllen kann. Es wird offenbar, daß er das wahre Israel ist, das von Gott verheißene, von Gott geschaffene Israel. So geht es beim Zusammenprall mit dem Versucher in der Wüste, wie weiland bei der Prüfung Israels beim Auszug aus Ägypten, um Gott selbst und um Gottes Gesetz in seiner Gesamtheit.

Da ist zuerst die Versuchung, sich selbst das Leben zu geben, anstatt es einzig von Gott zu empfangen. Die Antwort Jesu ist ein Zitat: „Der Mensch lebt nicht von Brot allein, sondern von jedem Wort, das aus dem Munde Gottes kommt" (Dtn 8,3).

Die zweite Versuchung ist derselben Art: „Bist du Gottes Sohn – bist du also das treue und wahre Israel, wie in der ersten Versuchung –, so stürze dich hinab von der Zinne." Der Teufel führt Jesus auf das Allerheiligste und sagt ihm: „stürze dich hinab", wobei er Psalm 91 zitiert. Jesus antwortet: „Du sollst den Herrn, deinen Gott, nicht versuchen"(Dtn 6,16). Das heißt, daß der Glaubensakt keinen anderen Sinn hat, als einzig Gott zu dienen, und nicht etwa, sich die Verheißung Gottes für sich selbst anzueignen. An die Verheißung Gottes zu glauben bedeutet, nur das zu tun, was Gott will, und das einzig und allein zum Ruhme Gottes, dem Einzigen und Guten, nicht aber, um daraus Vorteil für sich zu ziehen.

Diese Versuchungen verweisen uns auf die Passion, wo dieselbe Herausforderung an den gekreuzigten Christus ergeht: „Wenn du Gottes Sohn bist ..." (Mt 27,40).

Wir erkennen, wie Jesus gerade in seinem Leiden die Gebote und Vorschriften erfüllt. Gott hält sein Wort, indem er seinem gehorsamen Sohn das Leben gibt: Er erweckt ihn von den Toten. Und in Jesus, dem treuen Sohn, empfängt der Gläubige das

Zeugnis der Treue Gottes, der dem, der ihm vertraut, das Leben schenkt. Daß er seinen *Gerechten*[13] die Verwesung nicht schauen läßt (vgl. Ps 16,10, in Apg 2,27 auf den Auferstandenen bezogen), beweist, daß das Gesetz wirklich der Quell des Lebens ist. Daß Jesus auferstanden und nicht in der *Scheol* eingeschlossen ist, beweist, daß der Tod keine Macht über ihn hat. Wenn Gott ihn auferweckt, so ist das Gesetz tatsächlich Lebensquell und schenkt uns durch ihn und in ihm das Leben.

Die Frohe Botschaft, die Jesus verkündet, ist, daß *er selbst* diese Frohe Botschaft, das nahe Himmelreich ist. Das uns nahegekommene Himmelreich ist nichts anderes, als Christus selbst.

Wir müssen immer wieder, je mehr wir weiter vordringen, über die Gnade nachsinnen, die uns darin zuteil wird, daß wir *mit* Christus getauft wurden, daß wir *in* Christus getauft sind, daß wir also Anteil haben an seinem Zustand. Wir werden über dieses Geheimnis des Himmelreiches, das er selbst ist, nachsinnen, uns ihm soweit wie nur möglich annähern – es ist ein verborgenes, ein vergrabenes Geheimnis, ein Geheimnis der Gottverlassenheit und des Leidens, ein unverständliches Geheimnis in einer Zeit, die bereits dem Ende der Tage angehört, der Zeit des Herrentags, wo das Geheimnis Gottes wirkt und doch das Geheimnis des Bösen *(mysterium iniquitatis)* immer noch zu herrschen scheint und tatsächlich herrscht, bis alles zur Vollendung gelangt: Gott alles in allen (Kol 3,11).

Dieses Reich Gottes, das uns in Christus verborgen gegeben ist, wie er selber sagt (Mt 13,44), ist nicht woanders, es ist nicht hier oder dort (Mt 24,23), nicht vorher oder nachher. Es ist aus dem Mysterium Christi heraus zu empfangen; Christus, der sich seinen Jüngern im Verborgenen mitteilt, damit sie an seinem heiligen Werk mitwirken, wozu sie der Wille des Vaters berufen hat. Wie Christus dem Vater gegeben ist und Christus uns gegeben ist, so sind auch wir Christus gegeben, um „mit ihm zu sein", wie es Markus ausdrückt, um an seinem Handeln und seinem Werk mitzuwirken. Somit haben wir Anteil am Geheimnis

---

13 Christologischer Titel im NT, vgl. Apg 3,14; 7,52; 22,14; 1 Joh 2,1.29; 3,7; Offb 16,5. Die Bezeichnung meint den leidenden Knecht im AT, vgl. Jes 53,11.

Israels, am Geheimnis der Erwählung und der Liebe, so wie Gott sie zum Heil der ganzen Welt schenkt und will, doch in Christus, mitten im Geheimnis der Erlösung, das ein Geheimnis des Widerspruchs ist. Dadurch sind wir Träger und Bürgen der Hoffnung.

Prophetie des Lebens Jesu

Nun zum zweiten Kapitel des *Matthäusevangeliums:* Es berichtet von der Anbetung der Sterndeuter, der Flucht nach Ägypten, vom Kindermord und der Rückkehr der Heiligen Familie. In der Liturgie sind das verschiedene Feste, wo doch dieses Kapitel ein Ganzes bildet und jeder Teil ohne den anderen unverständlich ist. Wir richten unsere Aufmerksamkeit auf das ganze Mysterium Christi, so wie es der Evangelist in diesen ersten Kapiteln darstellt, die sowohl ein *Midrasch* als auch eine Apokalypse sind.

Anstatt dieses Kapitel vollständig und ausführlich zu erklären, möchte ich lieber einige Aspekte hervorheben. Tatsächlich unterstreicht der Verfasser in sehr hieratisierter Form die prophetische Kraft der geringsten Einzelheiten. Das ganze Mysterium Christi wird uns vorgestellt.

Eintritt in eine besondere Geschichte und Gedächtnis

Der Evangelist macht sich die Mühe, seinen Bericht mit einer Genealogie zu beginnen, weil es sich nicht um irgendein Kind handelt, das irgendwoher stammt. Dieses Kind wird als Zeichen enthüllt, als Hoffnung der Völker und als Heil. Dieses und kein anderes. Ohne dessen besondere Geschichte gibt es keinen Erlöser mehr, weil es keine Geschichte mehr gibt. Der Weg, auf den sich die Heiden machen müssen, ist eben der nach Jerusalem, um *diesen* Messias in *dieser* Geschichte zu empfangen. Weit mehr noch: Wie es Geschichte nur kraft einer Erwählung gibt, treten die Heiden nur dann in die Heilsgeschichte ein und werden erlöst, wenn sie diese Geschichte zu ihrer eigenen machen.

Die Erwählung offenbart eine Gotteswahl. Diese Wahl ist nicht willkürlich wie eine menschliche. Der Mensch kann nicht wählen, sondern nur schwanken; er wählt nur nach dem Maß seiner Freiheit. Wenn Gott wählt, dann ist das eine schöpferische Liebestat, die auf Liebe zielt. Wenn Gott wählt, erschafft er, er beruft, und hierin hat der Mensch einen absoluten Bezugspunkt zu seiner eigenen Geschichte. Die Erwählung beginnt mit der ersten Handlung Gottes, der „Adam" sagt. Damit, in der Offenbarung, die ihm zuteil wird, entzieht sich die Erschaffung des Menschen der Unbestimmtheit des Kosmos, um zu einer Geschichte zu werden, die eine persönliche Beziehung zu Gott ist und dem Menschen eine Zukunft eröffnet. Geschichte gibt es nur als Gotteswahl: der Tag, an dem Gott seinen Knecht Abraham beruft, an dem er sein Volk aus Ägypten herausruft. Wirkliche Geschichte gibt es nur als Erwählung, denn Geschichte ist letztendlich eine Dauer, die ihre Bedeutung von ihrem Bezug zu Gott empfängt, der ruft und zu dem man geht. Sonst versinken alle Handlungen des Menschen in der Bedeutungslosigkeit von Vergessen und Tod. Sonst gibt es kein Gedächtnis; dann noch besser vergessen. Sonst ist die menschliche Geschichte ein Abgrund von Bedeutungslosigkeit und Grauen, und selbst die lichtvollen Augenblicke sind nur schwache Funken, ebenfalls gezeichnet von Vergessen und Tod. Nur Gott kann der Ursprung des Gedächtnisses des Menschen sein. Nur Gott kann aus der Geschichte der Menschen einen Quell des Segens machen, denn nur Gott kann den Menschen, die er erwählt, Erinnerung gewähren. Das erklärt, daß Israel das Gedächtnis der Welt aufgebürdet ist, daß Christus das Gedächtnis der Welt ist und daß die Christen Träger dieses Gedächtnisses sind. Nur in ihnen findet die Welt zu ihrem Sinn, obgleich das ein wohlgehütetes Geheimnis ist. Die einzige Geschichte, die einen Sinn hat, ist die, deren Gedächtnis wir beständig in der Eucharistie Christi begehen.

In dieses besondere Gedächtnis müssen wir eintreten. Die Heiden selbst gelangen nur zum Heil, wenn sie in diese Geschichte eintreten und die Gnade empfangen, daß sie zu ihrer eigenen Geschichte wird. So daß die Aussage Jesajas – „Ein Kind ist uns geboren, ein Sohn ist uns geschenkt" (9,5) – vom Jünger Christi mit Israel gemeinsam in der Kirche verkündet werden kann. Ihm wird die Gnade zuteil, daß diese Geschichte zu seiner wird und er sagen kann: „Abraham, unser Vater" (vgl. Gen 17,4f.; Röm 4,12.16.17).

In der Verkündigung an Josef stellt uns Matthäus Jesus als den Emanuel vor, das heißt als den, der vom Heiligen Geist ganz erfüllt ist, der aus der Kraft des Heiligen Geistes geboren ist, und in einem noch ganz impliziten Sinn als Sohn Gottes; es ist eine Offenbarungssprache. Dieser von Gott geborene Emanuel wird die Berufung Israels vollkommen erfüllen, die Johannes mit den Worten Jesu überliefert: „Meine Speise ist es, den Willen des Vaters zu tun" (Joh 4,34). Diese Worte sind wie das Echo des *Deuteronomiums:* „Der Mensch lebt nicht vom Brot allein, sondern von jedem Wort, das aus dem Munde Gottes kommt" (8,3). Die Nahrung des vom Geist erfüllten Menschen ist, den heiligen Willen des Vaters zu tun, sich in der Freiheit des Geistes an der Gabe Gottes zu erfreuen und zu sättigen.

Das ist die Berufung Israels; das ist die Berufung des Messias.

Die Sünde des heidnischen Königs Herodes: die Ablehnung Israels …

Im zweiten Kapitel des *Matthäusevangeliums* fällt zunächst folgendes auf: Vorerst ist nur von Israel und den Heiden die Rede. Meist sehen wir nicht recht, wer Israel und wer die Heiden sind.

Die gängige oder beliebte Lektüre dieses Kapitels setzt Herodes mit Israel gleich und macht aus Jesus einfach nur Jesus. In Wirklichkeit aber besteht die ganze Logik dieses Berichtes darin, daß Jesus Israel, Herodes aber nicht der König Israels ist. Herodes ist ein Heide, ein Idumäer.[14] Er ist einer dieser unrechtmäßigen Könige, die über Israel herrschen: Er ist weder vom Stamm Davids noch Hoherpriester. Er verkörpert auch nicht die Hoffnung Israels, auch wenn er einige nationalistische Bestrebungen befriedigt, auch wenn er den Tempel wiedererrichtet hat.

Jesus der Messias antwortet der Hoffnung Israels; Herodes hingegen stellt nichts dar, es sei denn eine heidnische Machtform. Herodes der König verhält sich gewissermaßen symme-

---

14 Idumea umfaßte den Süden Judäas und einen Teil des Nordens Arabiens. Die Idumäer, auch Edomiten genannt, stammen von Esau, genannt Edom, ab (vgl. Gen 25,30; 27,33–41; 36,1–8; 1 Chr 1–3; 1 Makk 5,3).

trisch zum Statthalter Pilatus während der Passion. Dieses zweite Kapitel bei Matthäus prophezeit die Passion Jesu, und Herodes nimmt die Rolle des Heiden Pilatus ein.

Israel wird hier durch das Kind und Josef symbolisiert; und die Heiden werden doppelt durch die Gestalten des Herodes und der Sterndeuter symbolisiert. Das Volk Israel wird nicht ausdrücklich als solches bezeichnet; es gibt nur die Hohenpriester und Schriftgelehrten als Zeugen, die sich darauf beschränken, den Schlüssel zur Geschichte zu liefern, die Interpretation, den Fortgang und den Sinn der Geschichte zu ermöglichen.

Zunächst kann man sagen, daß der Evangelist aufzeigt, wie das Auftreten des Kindes, des verheißenen Messias, sofort die absolute Feindschaft der Könige dieser Welt hervorruft und zu einer tödlichen Auseinandersetzung führt. (Entgegen der beliebten Auffassung sollte beachtet werden, daß die Weisen Magier, Sterndeuter sind, keine Könige.) Dem Auftreten des Messias-Königs antwortet absolute Feindschaft: der Feind demaskiert sich. Der Feind, der die Gestalt des Herodes hat, demaskiert sich in dem, was er wirklich ist: eine tödliche Macht.

Es ist wichtig, die Gestalt und die Sünde des Herodes zu erkennen. Die Sünde des Herodes ist dem Evangelisten nach die Weigerung, anzuerkennen, was ausdrücklich als eine „Frohe Botschaft" überbracht wird: die Israel erwiesene Gnade. Die Sünde des Herodes ist die Ablehnung der Erwählung Israels, um sich ihrer zu bemächtigen und sich an ihre Stelle zu setzen. Der von Gott geschenkte König ist sein Feind; Herodes ist der, der sich selbst zum König einsetzt und sich die Stelle Gottes über das Volk anmaßt. Er ist der Erzfeind. Herodes, der König, der sich selbst ernannt hat oder von der heidnischen Macht ernannt wurde, kann gar nicht anders, als den von Gott geschenkten König abzulehnen und zu töten. Die Sünde des Herodes, die Sünde der Heiden, ist die Ablehnung der Erwählung, die ihnen als tödliche Bedrohung erscheint. Die Erwählung wirft jede Macht in dieser Welt nieder, indem sie offenbart, daß Gott der einzige Herr und Gebieter dieser Welt ist. Israel ist berufen, dies zu bezeugen, und zuhöchst bezeugt es Jesus vor jeder Macht.

... bis hin zum Blutbad

Die Sünde des Herodes besteht nicht nur in der Ablehnung der Erwählung, sondern darin, diese Ablehnung bis hin zum Blutbad zu betreiben. Wie erfolgt diese Ablehnung?

Der Evangelist erstattet einen erschütternden, fast unerträglichen Bericht: die Ablehnung des Messias, seine prophetische Tötung durch Herodes – bevor er von den Römern getötet wird – durch das Blutbad an den Kindern aus dem Hause David. Sie werden einzig und allein massakriert, weil sie aus dem Hause David sind.

Wie wäre dieser Bericht nicht unerträglich, nach allem, was uns die Geschichte gelehrt hat? Vor dieser prophetischen Tiefe wird uns schwindlig. Man wagt es kaum, so einen Weg zu beschreiten, zu fragen, wie wenn es Gotteslästerung wäre, nur den Gedanken zu wagen, daß Gott ein solches Grauen an seinem Volk, an seinem geliebten Sohn, zuläßt.[15]

Doch genau das berichtet der Evangelist: die Ablehnung der Erwählung und des Messias führt zum Massaker des Stammes Davids und aller Kinder Bethlehems durch Herodes. Wir kennen das biblische Vorbild hierzu: Auf dieselbe Weise befal der Pharao den Hebammen Israels, alle männlichen Kinder umzubringen (Ex 1,16.22) – ein Massaker, das Mose überlebte.

Das „Ärgernis" Rahels: die Nacht des Glaubens

Die biblische Referenz ist eindeutig. Bemerkenswert ist auch, wie der Evangelist *Jeremia* (31,15) zitiert: „Ein Geschrei war in Rama zu hören, lautes Weinen und Klagen: Rahel weinte um ihre Kinder und wollte sich nicht trösten lassen, denn sie waren dahin" (Mt 2,18). Bei *Jeremia* folgt der Vers: „So spricht der Herr: Verwehre deiner Stimme die Klage und deinen Augen die Tränen! Denn es gibt einen Lohn für deine Mühe – Spruch des Herrn: Sie werden zurückkehren aus dem Feindesland. Es gibt

---

15 Zur Gleichsetzung Volk Israel – geliebter Sohn des Herrn vgl. z. B. Jer 31,20.

eine Hoffnung für deine Nachkommen – Spruch des Herrn: Die Söhne werden zurückkehren in ihre Heimat. Ich höre gar wohl, wie Efraim klagt" (31,16).

Matthäus zitiert aber lediglich Vers 15, nicht auch 16, um die absolute Verzweiflung Rahels zu unterstreichen, die den „Tröster" – einer der Namen des Messias – abzulehnen scheint. Wenn Rahel den Tröster ablehnt, so wegen der Sünde der Heiden. Ihr Schmerz ist zu groß. Sie vergräbt ihre Hoffnung, und im Massaker ihrer Söhne, die sie beweint, vermag sie nicht die Erwartung des Trösters zu erkennen, die ihr doch gegeben ist.

Das muß uns zum Nachdenken über die Sünde der Heiden führen, der Erwählung Israels wie auch Christus gegenüber. Wie könnte man nicht an die Aussage Jesu denken: „Wer einen von diesen Kleinen, die an mich glauben, zum Bösen verführt, für den wäre es besser, wenn er mit einem Mühlstein um den Hals im tiefen Meer versenkt würde" (Mt 18,6)?

Ein furchtbarer Satz im Munde Jesu, ein gewalttätiger Satz. An den Kleinen geschieht das Ärgernis. Aber das Ärgernis ist das Straucheln im Glauben: angesichts des Schreckens des Bösen aufzuhören, an Gott zu glauben, in der Erwartung Gottes oder in der Erwartung des Messias zu straucheln. Darin liegt das Ärgernis – nicht in der häufig scheinheiligen oder verlogenen Entrüstung der Konformisten, nicht im Widerspruch zum Was-werden-die-Leute-Sagen. Ärgernis ist das Straucheln in der Treue zu Gott. Genau das erfährt Jesus vor seinem Leiden, als er zu Petrus sagt: „Weg von mir, Satan! Du bist mir zum Ärgernis" (Mt 16,23) – du läufst Gefahr, mich in meiner Treue zu Fall zu bringen. Das Ärgernis der Rahel ist von dieser Art: angesichts des Todes und der Prüfung des Todes nicht den Glauben zu wagen, daß Gott Quell des Lebens ist. Es nicht zu wagen, Gott zu vertrauen.

Liest man *Die Nacht* von Elie Wiesel,[16] den Bericht, der lange Zeit nach seiner Rückkehr aus den Konzentrationslagern ver-

---

16 Elie Wiesel, 1928 in Ungarn geboren, wurde nach Auschwitz deportiert. François Mauriac regte ihn zu seinem ersten Werk *Die Nacht* an, für das er das Vorwort schrieb. Für *Der Bettler von Jerusalem* erhielt Wiesel 1960 den Prix Médicis. 1986 empfing er den Friedensnobelpreis.

faßt wurde, nachdem François Mauriac ihn dazu gedrängt hatte – und es war das allererste Mal, daß er darüber sprechen konnte –, kann man sich fragen, inwieweit die Heiden nicht diese Sünde des Ärgernisses an den Kleinen begangen haben, die darüber im Glauben gestrauchelt sind und aufgehört haben, an die Güte Gottes zu glauben. Wiesel schreibt, daß er, als er nach dem Massaker seines ganzen Dorfes als einziger Überlebender im Lager ankam, ausrief: „Niemals werde ich diese Augenblicke vergessen, die meinen Gott und meine Seele gemordet haben ... Niemals werde ich dies vergessen, sollte ich auch verdammt sein, so lange zu leben wie Gott selbst." Und dann wird berichtet vom „schrecklichen Tag unter all den schrecklichen Tagen, wo das Kind (Elie Wiesel) das Hängen (das muß man sich vorstellen!) eines anderen Kindes erlebte, dessen Antlitz wie das eines traurigen Engels war, und es hörte jemanden hinter sich stöhnen: ‚Wo ist Gott? Wo ist er? Wo ist Gott nur?' Und in mir antwortete eine Stimme: ‚Wo er ist? Da ist er – hier an diesem Galgen hängt er'" (aus dem Vorwort zu *Die Nacht)*. In diesem Augenblick legte sich die Nacht über seinen Glauben an Gott, denn fortan schien ihm Gott abwesend zu sein.

Das ist die Sünde des Herodes: so zu handeln, daß Rachel sich nicht trösten lassen will, daß damit gewartet werden muß. Wie lange muß noch gewartet werden, bis sie den Tröster und den Trost annimmt? Die Sünde der Heiden wird ebenfalls vom Messias vergeben werden müssen, doch von ihm allein, denn nur er kann sagen: „Vater, vergib ihnen, denn sie wissen nicht was sie tun" (Lk 23,34). Das sagt er über die Heiden, die die Unschuldigen niedermetzeln, die die Gläubigen im Glauben zu Fall bringen. Dieses Wort behält einen historischen und ganz konkreten Sinn, und diese Sünde des Ärgernisses muß ebenfalls vergeben werden. Doch sie kann nur vergeben werden vom Messias Israels, von niemandem sonst.

Die Sünde des Herodes ist also die Ablehnung der Erwählung, und diese Ablehnung erweist sich als Quelle des Todes.

Die Sterndeuter: Anbetung der Heiden und Tötung des Messias

Was führt zu diesem Verhalten des Herodes? Hier ist das Kommen der Sterndeuter – eine weitere Gestalt der Heiden – erstaunlich. Sie sind das Zeichen, die Protagonisten, die vorweggenommene und prophetische Verwirklichung all jener, die, wiewohl sie Gott nicht kennen, hinzukommen und sich dem Gesalbten des Herrn unterwerfen und ihm huldigen, wie es Jesaja (61) oder Psalm 71 beschreiben: Die Heiden werden kommen, den Herrn anzubeten und seinen Messias zu erkennen.

Das Kommen der Heiden führt die Tötung des Messias herauf. Auf die Ankündigung der Sterndeuter hin will Herodes das Kind aus Bethlehem töten. Hier besteht ein enges, geheimnisvolles, menschlicher Logik unverständliches Band, das der Offenbarung des Evangeliums, der Botschaft des Neuen Testaments eigen ist – ein Band zwischen dem Eintritt der Heiden in die Verheißung Israels und der Tötung und Auferstehung des Messias. Beides ist eng verbunden. Der Messias erfüllt seinen Auftrag nur dadurch, daß er dem Tod durch die Erfüllung seines Auftrages unterworfen wird. Er wird sowohl wegen der Heiden und für die Heiden als auch für Israel zu Tode gebracht. Sein Tod ist der Preis, um den er den Bund mit Israel den Heiden eröffnen kann. Die Heiden sind sowohl die Nutznießer dieses Umschwungs als auch die, die das Leiden des Messias Israels hervorrufen.

Jesus, das „herausgenommene" Kind von Bethlehem ...

Jesus selbst wird vom Evangelisten als eines der Kinder von Bethlehem vorgestellt. Er ist der „Sproß", der „Herausgenommene", der „Aufgesparte", *nezer* im Hebräischen. Das ist ein schwieriges Wortspiel: es scheint, daß der Ausdruck „Nazoräer" mit *nezer* in Verbindung gebracht werden müßte. Mehrmals kehrt dieser messianische Ausdruck bei den Propheten wieder (Jes 4,2; 11,1, Jer 23,5, Sach 3,8; 6,12); es ist der von Gott beiseite genommene Sproß, der die Erlösung Israels vollbringen soll. Er selbst wird nicht wegen der Kinder verschont, sondern er wird vor dem Kindermord bewahrt, damit er im Gehorsam und in souveräner und willentlicher Tat vollbringt, was die Kinder wie ein blindes Wüten erdulden. Er nimmt durch die Flucht nach Ägypten und die Rückkehr teil am Exodus und am Exil Israels, womit er das Geheimnis seines eigenen Leidens vorwegnimmt. Am anderen Ende des Evangeliums weist Matthäus auf die Erfüllung der Weissagungen hin, als Jesus am Kreuz abermals von einem Heiden als König der Juden bezeichnet wird und die Heiden ihn über sein Leiden hinaus erkennen.

In diesem Konflikt umfaßt die Gestalt des Sohnes und Messias die Gesamtheit Israels. Es handelt sich um einen prophetischen Text, wobei der Evangelist – wie das Jesaja und die Propheten häufig tun – unausdrücklich mit dem spielt, was die Exegeten als „korporative Persönlichkeit"[17] bezeichnet haben: Der Text bezeichnet gleichzeitig eine Person und ein Volk. Die Gestalt des Messias ist gleichzeitig die Israels; die Gestalt Jesu ist gleichzeitig die der Seinen, die seiner Kirche und die Israels. Was von dem einen gesagt wird, gilt bald vom anderen, bald von beiden. Vieles wird nur von dieser Solidarität Jesu mit den Seinen, des Messias mit seinem Volk her verständlich. Was also als verschiedene und gegensätzliche Ereignisse erscheinen mag, ist in diesem prophetischen Augenblick als Vorwegnahme der Geschichte Jesu, der Geschichte der Kirche zu verstehen. Die Heilsgeschichte enthält vermutlich mehr, als der Evangelist bewußt hineingeschrieben hat, denn der Reichtum dessen, was er sagt, enthüllt sich erst über die Erfüllung hinaus. Es ist normal, daß wir selbst unsere eigene Erfüllung in dem entdecken, was sich zwangsläufig dem Autor dieses Textes entzogen hat.

---

17 Dieser Begriff stammt aus der angelsächsischen Exegese vom Ende des 19. Jh. und drückt die Bezeichnung eines Volkes durch eine Person aus, z. B. Adam = Menschheit, Jakob = Volk Israel.

… um Erlöser aller zu sein

In dieser prophetischen Sicht ist Jesus sowohl das, was er darstellt, als auch das, was aus ihm hervorgehen wird. Jesus, das
Kind, ist sowohl Israel als auch die Seinen, die Gesamtheit der
Seinen. Genau hierin ist er der Erlöser aller. Wir glauben, daß
die Gesamtheit der von Gott geliebten Menschen in Jesus die
Gabe, die Gott ihnen zugedacht hat, als Erwartung empfängt.
Wir glauben, daß in Jesus allen die Erwartung der Heilsgemein-
schaft geschenkt ist und daß alle, in gewisser Weise, in ihm
gegenwärtig sind und bereits in ihm den Beginn der Erfüllung
empfangen, die Gott allen Menschen bestimmt hat.

Diese historische Prophetie, diese Prophetie aus der Geschichte fordert uns auf, für die allen Völkern eröffnete Verheißung
dankzusagen, für die Gabe dieses Kindes. Nun können wir auch
bereits die Sünde ermessen, von der Gott uns befreien will.
Denn die Gestalt des Herodes ist nicht einfach die eines Feindes,
von dem wir uns unterscheiden könnten; sie bezeugt jetzt schon
das Leiden Christi, sie ist ein Zeichen des Leidens Christi, das die
Sünde der Menschen enthüllt. Die Menschen müssen den Messias verwerfen, denn der Todeswille des Menschen muß offenbar werden, damit Gott den Menschen von seinem Hang zum
Tod und seiner Mordlust heilen kann. Der Messias nimmt diesen
mordenden Willen der Menschen auf sich, indem er ihn erleidet
und in Vergebung verwandelt, statt ihn zum Tod zu wenden.

Denn der wahre König Israels wird sein Volk nicht auf die Art
des Herodes regieren: er wird Herodes nicht ersetzen. Er folgt
ihm nicht nach. Die hier eingeleitete Herrschaft ist die Verneinung der Herrschaft des Herodes. Denn die Herrschaft des Messias Israels, die Herrschaft Jesu, Christus-König, wird in der
Kraft Gottes ausgeübt, in Vergebung, in Wahrheit, in Barmherzigkeit, in Heiligkeit, in der Fähigkeit, von der Sünde zu befreien und Tote zu erwecken. Wohingegen sich die Sünde in der
Gestalt des Herodes als Mord und Ablehnung der Gnade Gottes
offenbart.

In diesem Kindermord entdecken wir folglich, für unser Emp-
finden vielleicht auf erschreckende, ärgerniserregende Weise, so
etwas wie die prophetische Ankündigung der Natur einer jeden

Sünde, die immer Ablehnung der Erwählung ist, Ablehnung der Gnade, Ablehnung Gottes, Verwicklung in den Willen zum Mord, der im Herzen des Menschen wohnt. Und in der Haltung der Unschuldigen wie im vorsehenden Verhalten Gottes, der seinen Sohn beiseite nimmt und ihn den Weg des Exils und des Auszugs gehen läßt – damit er bei der Rückkehr in das Land Israel zur Hoffnung wird (Mt 2,15.20f.) –, entdecken wir die Gestalt jeder Erlösung.

Sofern wir gebührend beten, können wir nicht umhin, uns in jedem der Protagonisten dieser Prophetie wiederzuerkennen, mal in den einen, mal in den anderen. Denn keiner von uns kann sich in nur einem Lager wähnen. Alle müssen wir losgekauft werden. Wir müssen unsere Verwerfungen und Ablehnungen erkennen, die durch die Gnade Gottes offenbart werden. Über die uns erwiesene Gnade müssen wir nachsinnen, wenn sie uns vergeben werden und auch uns verliehen wird, den König erkennen zu können.

Prophetie des Lebens der Jünger Jesu

Das zweite Kapitel des *Matthäusevangeliums* stellt sich wie eine Prophetie des Lebens Jesu und seiner Kirche dar. Es ist prophetisch bis hin zu seinen paradoxesten Aspekten, in dem Sinne, daß der Bericht des Lebens Jesu zum Thema seiner Sendung gewissermaßen nichts hinzufügt, was hier nicht bereits angekündigt wäre.

Das Zeichen der Erfüllung ist uns gegeben: Die Heiden kommen, den Messias Israels zu entdecken. Dieser Messias bleibt verkannt, verborgen; er entgeht dem Tod durch die Macht Gottes, der so sein Wort erfüllt. Er ist Zeichen und Bürge der bereits verwirklichten Erwartung, doch noch ist er verborgen, „herausgenommen". Das Geheimnis seines „Aufgespartseins", seines Vergrabenseins und seiner Enthüllung wird uns vorgelegt. Und doch bleibt alles dunkel.

In dieser Prophetie kann man das Los der Jünger Jesu angekündigt sehen. Sie teilen das Los des leidenden Messias und sind mit ihm vergraben, mit ihm verborgen in der Zeit der Geschichte, in der sie das Kommen des Menschensohnes in Herrlichkeit und auf den Wolken des Himmels erwarten. Zeit der Kirche, Zeit des Wachens.

Dieses Kapitel wirft ein Licht auf unsere eigene Lage, auf die Lage der Kirche. Versuchen wir, eine geistliche Lehre daraus zu ziehen. Dazu lehnen wir dieses Kapitel an die Gleichnisse vom Gericht an, die Jesus seinen Jüngern am Ende seiner eschatologischen Rede vorlegt.

Sie beschreiben die Zeit der Geschichte und erlauben uns, indem sie uns lehren, wie wir in der Erwartung der Vollendung leben sollen, diesem Kapitel das Beste zu entnehmen.

Diese Gleichnisse reichen von Kapitel 24, Vers 42, bis zum Ende des Kapitels 25. Matthäus hat gerade die Rede über das Ende der Zeiten wiedergegeben, die „eschatologische" Rede, die Jesus unmittelbar vor seiner Passion im Tempel hält. Es folgen die Worte über „den Tag und die Stunde", die niemand kennt, selbst der Sohn nicht. „Nicht die Engel Gottes, nicht einmal der Sohn ... sondern nur der Vater kennt den Tag und die Stunde." Daraufhin kündigt Jesus das endgültige Kommen an, die „Parusie" des „Menschensohnes". Danach beschreibt er in einer Reihe von Gleichnissen die Zeit der Abwesenheit des „Menschensohnes" und das Geheimnis des Gerichtes. Diese Zeit der Abwesenheit des „Menschensohnes" ist demnach unsere Zeit. Heute ist der Messias verborgen. Nur Petrus, Jakobus und Johannes haben mit Mose und Elija seine Herrlichkeit geschaut. Wir erwarten das Kommen des Menschensohnes in Herrlichkeit. Seine Lehre, seine letzten Anweisungen an die Jünger sind für diese Zeit, für die Zeit der Abwesenheit, während der die Jünger wachen und warten sollen und für die der Herr ihnen die nötige Weisheit verleiht.

Matthäus überliefert zunächst die Gleichnisse von der wachsamen Erwartung. Ich nenne sie, ohne sie zu kommentieren: das Gleichnis vom Dieb, das vom treuen und vom schlechten Knecht, schließlich das Gleichnis von den zehn Jungfrauen, die die Rückkehr des Bräutigams erwarten. Was ist wohl mit dem Öl gemeint, mit dem die weisen Jungfrauen ihre Lampen richten? Inwieweit ist es notwendig, um in der Nacht zu wachen und trotz der Müdigkeit bereit zu sein, mit dem Bräutigam in den Hochzeitssaal einzuziehen?

*

Diesen drei Gleichnissen von der Wachsamkeit folgen zwei Gleichnisse vom Gericht. Zuerst das Gleichnis von den Verwaltern des Reiches. Wer sind sie? Ich denke, sie sind sowohl Israel als auch die Jünger Christi, ohne daß Matthäus das unterscheidet. Es handelt sich um diejenigen, denen der Reichtum Gottes anvertraut wurde. Gemeinhin wird es als das „Gleichnis von den Talenten" bezeichnet.

Das zweite ist das Gericht über die heidnischen Völker: Wenn der Menschensohn in seiner Herrlichkeit kommt und alle Engel mit ihm, dann wird er sich auf den Thron seiner Herrlichkeit setzen und alle heidnischen Völker vorladen. Es ist das Gericht über die Heiden, die den Messias nicht kennen und die Schätze der Erwählung nicht empfangen haben. Folglich handelt es sich nicht um das Gericht über die Jünger Christi, die man in Antiochien „Christen" nennen wird (Apg 11,26), ob sie von den Juden oder von den Heiden sind. Es ist auch nicht das Gericht über das jüdische Volk, das nicht zu den „Völkern" *(gojim)* zählt.

Das Gericht über die Knechte des Reiches: Israel und die Kirche Christi

Sehen wir uns diese beiden Gleichnisse genau an, zunächst das „Gleichnis von den Talenten", das von den Verwaltern des Reiches.

„Es ist wie bei einem Mann, der auf Reisen ging: Er rief seine Knechte und vertraute ihnen alles an, was er besaß" (Mt 25,14).

Ganz offensichtlich geht es hier um seine eigenen Knechte, das heißt um die, die Gott erwählt hat: Israel und die Jünger Jesu. In dieser Zeit der Abwesenheit vertraut Gott all seine Güter den eigenen Knechten an. Die Talente sind natürlich die Reichtümer der Gnade, die Schätze des Reiches. Jede Spekulation über menschliche Gaben ergibt sich hier nur auf zufällige Weise; sie gelten nur, sofern man sie in die Reichtümer der Gnade eingeschrieben versteht. Es gibt eine stoische, rein humanistische Lesart dieses Gleichnisses, welche die Worte zum Schreien brächte, wenn sie nicht schon unter den Kommentaren erstickt wären!

Tatsächlich übergibt der Herr einem jeden nach dem, was ihm angemessen erscheint: fünf Talente, zwei Talente, ein Talent. Der Auftrag der Knechte besteht darin, den Reichtum des Reiches im Sinne des Herrn zu verwalten, nicht etwa ihn aufzubewahren wie eine Hinterlegung. Dies aber tat jener, der das Talent in die Erde vergrub. Er hat gewissenhaft gehandelt, das Gesetz bezüglich der Hinterlegungen genau beobachtet, so wie es die Bibel lehrt: Vertraut man euch eine Einlage an, so tragt dafür größtmögliche Sorge. Sie muß aufbewahrt werden, damit sie dem, der sie euch anvertraut hat, zurückerstattet werden kann, wenn er sie einfordert.

Nun verwirft der Herr genau dieses Gesetz bezüglich der Hinterlegungen. Er bezieht sich auf eine andere Forderung. Der Knecht soll nach dem handeln, was ihm über den Herrn selbst und das, was dieser will, offenbart wurde. Der schlechte Knecht verurteilt sich selbst, indem er offenlegt, was er über Gott denkt. Und das richtet Gott an ihm, denn der Reichtum Gottes wurde ihm anvertraut, damit er im Sinne Gottes Frucht bringe, das heißt im Sinne der Großzügigkeit der Gabe, der Ungeschuldetheit der Gnade und der Fruchtbarkeit des göttlichen Wortes, das dem Menschen gegeben ist.

Dies ist das Gericht über die Knechte: Israel und die Kirche Christi. Gerichtet wird ihre Treue der göttlichen Handlungsweise gegenüber, ob sie mit den empfangenen Gaben, den Gütern Gottes göttlich umgehen.

Das Gericht über die heidnischen Völker: Anrecht auf den ursprünglichen Segen

Danach folgt das Gericht über die Heiden. Bei diesem möchte ich besonders verweilen, denn von ihm ausgehend werden wir zum großen Gleichnis des zweiten Kapitels zurückkehren können.

Wie stellt sich das Gericht über die Völker dar? Es handelt sich, wie bereits gesagt, um das Gericht über die heidnischen Völker. Ausdrücklich heißt es: „Wenn der Menschensohn in seiner Herrlichkeit kommt und alle Engel mit ihm, dann wird er sich auf den Thron seiner Herrlichkeit setzen. Alle Völker werden vor ihm versammelt werden – alle heidnischen Völker. Er wird sie voneinander scheiden, wie der Hirt die Schafe von den Böcken scheidet. Die Schafe wird er zu seiner Rechten stellen, die Böcke zu seiner Linken."

Es kommt also der König-Hirte. Als König-Hirte Israels versammelt er alle heidnischen Völker vor sich.

Die Erwählten Israels sind nicht auf der Seite der gerichteten Völker. Sie wurden bereits gerichtet. Sie befinden sich auf der Seite des Richters. Ausdrücklich hat das Jesus selbst gesagt, als er seinen Jüngern antwortete: „Mit mir werdet ihr auf zwölf

Thronen sitzen" (Mt 19,28). Dieses erstaunliche Schauspiel werden wir verstehen müssen.

Zunächst spricht der König-Hirte über die heidnischen Völker, die er zu seiner Rechten stellt, denselben Segen wie über Israel: „Kommt, ihr Gesegneten meines Vaters." Sie haben also dasselbe Anrecht auf den Segen wie die Brüder des Messias. Sie haben Anrecht auf denselben Segen wie die Jünger, über die Jesus die Seligpreisungen gesprochen hat. Sie haben Anrecht auf den Segen der Kirche selbst: „Nehmt das Reich in Besitz, das seit der Erschaffung der Welt für euch bereitet ist" (Mt 25,34). Also haben sie Anrecht auf den ursprünglichen Segen, der seit der Erschaffung der Welt all denen vorbehalten ist, die Gott erwählt hat (vgl. Eph 1,3f.).

Das heißt also, daß in der Heilsgeschichte die Erwählung allen zugedacht ist; wenn das verborgene Geheimnis enthüllt sein wird, wenn die Zeit der Geschichte beendet sein wird, wenn das, was den Augen der Menschen jetzt unsichtbar und unerkennbar ist – was nur die wissen, die den Glauben Christi teilen –, endlich offenbart und zutage gebracht sein wird.

Anrecht haben sie also auf diesen Segen und auf dieses Reich, das auch ihnen gehört.

Der König fügt hinzu: „Ich war hungrig, und ihr habt mir zu essen gegeben, durstig, und ihr habt mir zu trinken gegeben; ich war fremd, und ihr habt mich aufgenommen, nackt, und ihr habt mich bekleidet; krank war ich, und ihr habt mich besucht; ich war im Gefängnis, und ihr seid zu mir gekommen. Dann werden die Gerechten ihm erwidern: Herr, wann haben wir dich hungrig gesehen und haben dir zu essen gegeben, oder durstig und haben dir zu trinken gegeben? Wann haben wir dich als Fremdling gesehen und aufgenommen, oder nackt und haben dich bekleidet? Wann haben wir dich krank oder im Gefängnis gesehen und sind zu dir gekommen? Der König wird ihnen antworten: Amen, ich sage euch: Was ihr einem meiner geringsten Brüder getan habt, das habt ihr mir getan" (Mt 25,35–40).

Mit den Jüngern, die bis zum
Kreuz die Seligpreisungen leben

Die Geringsten, denen dies getan wird, sind die, die teilhaben am Leiden Christi, weil sie durch die Erwählung dazu berufen wurden. Es sind die, die um der Gerechtigkeit des Reiches willen den Kerker auf sich nehmen, die wegen der Gerechtigkeit verfolgt werden, die es auf sich nehmen, zu hungern und zu dürsten, so wie Jesus in seinem Leiden Hunger und Durst auf sich nimmt, die es auf sich nehmen, aller Güter beraubt zu werden, so wie Jesus seiner Kleider beraubt wird, in Gefangenschaft zu geraten, so wie er in Gefangenschaft gerät. Es sind die, die es auf sich nehmen, auf Erden Zeichen und Glieder des leidenden und erniedrigten Messias zu sein. In dieser Welt sind sie also das Werkzeug des Gerichts über diese Welt, selbst jenen unbekannt, neben denen sie wirken.

Sie retten die Welt durch ihr Mitleiden mit Christus, indem sie teilhaben an seinem Leiden. In der Zeit der Geschichte sind sie das Mittel, durch das Gott es allen Menschen ermöglicht, gerichtet und gerettet zu werden. In der Zeit der Verborgenheit Christi sind sie dazu berufen, die Gegenwart des leidenden Christus-Messias zu sein. Sie befinden sich an der Seite Christi, der Gericht hält über die Völker, weil sie Glieder Christi waren, der für und durch die Völker gelitten hat.

Hier wird die Herrschaft Christi beschrieben. Diese Aufzählung erinnert an die Seligpreisungen, denn die Segnungen, die Jesus an die Heiden richtet, entsprechen nahezu den Segnungen, die er an seine Jünger richtet, die sein Leiden teilen werden. Tatsächlich richten sich die Seligpreisungen an diejenigen, die am Werk des Messias im Neuen Bund teilnehmen – an die, die hungern und dürsten nach Gerechtigkeit, nach Heiligkeit, die verfolgt werden wegen dieser Gerechtigkeit, und die das Leiden Christi teilen. Sie sind bereits gesegnet. In ihrem Leiden sind sie das Werkzeug des Segens, der verborgen ist und verkannt von denjenigen, denen er zum Wohl gereicht, bis zur letzten Überraschung, wo es den einen wie den anderen offenbart wird.

In dieser Zeit ist den Jüngern allgemein bewußt, daß sie am Werk Christi mitzuwirken haben; doch auch für sie hat das

Jüngste Gericht noch nicht stattgefunden. Auch sie befinden sich in der dunklen Zeit des Leidens und der Verborgenheit mit Christus. Ich glaube, daß man dies an das Wort des Paulus im *Kolosserbrief* anlehnen kann: „Nunmehr seid ihr begraben mit Christus" (2,12), oder begraben in Christus.

Wenn Johannes sagen wird: „Aber was wir einmal sein werden, ist noch nicht offenbar" (1 Joh 3,2), so ist dies grundsätzlich dieselbe Ahnung von einer verborgenen Zeit. Und doch sind die Dinge für die Augen des Glaubens bereits vorgegeben und erreichbar. Die Treue der Jünger Jesu, der Christen – der Glieder Christi also, des Messias –, besteht darin, an seiner Treue teilzunehmen und so das ihnen anvertraute Werk zu vollenden. Somit befinden sie sich also am Ende der Zeiten. Sie wissen, daß sie während dieser Dauer in Beharrlichkeit an der Erfüllung des bereits begonnenen Gerichts wirken.

Das Licht des im Geheimnis der Geschichte verborgenen Messias zum Leuchten bringen

Erinnern wir uns nun des zweiten Kapitels bei Matthäus und des Lichtes, das auf den Zustand der Kirche und der Gläubigen fällt. Versuchen wir das Mysterium des unbekannten, verkannten, im Geheimnis der Geschichte verborgenen Messias zu betrachten, der von den Heiden erkannt wird, den Sterndeutern, die ihn anbeten und ihm ihre Gaben überreichen, vielleicht ohne zu wissen wer er ist. Dieser Messias offenbart die Sünde der Heiden, des Herodes, indem er sich zu ihrem Opfer macht – so ist er durch sein Leiden Werkzeug der Vergebung. Dieser Messias ermöglicht den Sieg der Macht Gottes, der ihn rettet, der ihn vom Tod entreißt, anstatt daß der Unschuldige belastet und vernichtet wird. Das sind wir als Christen. Wir sind nicht dem Tod entronnen, sondern in der Macht Gottes mit dem von Christus dargebrachten Tod vereint und somit Erstlingsgaben der Hoffnung aller Völker, die unter der Last des Todes stehen. Denn die Heiden sind ja die, die nicht wissen, daß die Finsternis sich in Licht verklären kann, daß sie Sünder sind, daß ihnen Vergebung zuteil werden und der Tod besiegt werden kann, allein durch Gott, dem Quell des Lebens.

Diese Zeit ist jene, in der noch Finsternis und Tod herrschen, in der wir jedoch beauftragt sind, das Licht zum Leuchten zu bringen.

In Christus finden wir den Mut, das Mysterium des Leidens und der Sünde, das uns der Kindermord vor Augen führt, zu betrachten, ohne zu erschauern und zu flüchten, ohne angesichts dieses Bildes zu verzweifeln. Wir können diese Passion Christi und diese Passion Israels im Mitleiden Gottes ertragen und also darum beten, daß die Sünden vergeben werden und dieses Leiden seinen Sinn erhält. Das ist ein ungeheures Geheimnis, das nur die teilen können, die bereit sind, dieselbe Last zu tragen. Doch es geht nicht darum, Rahel zu trösten: Man muß für Rahel und ihre Kinder beten. Die einzige Weise dies zu tun, ist teilzuhaben am Mitleiden jener anderen Rahel, deren Gestalt Rahel bereits ist: die Jungfrau Maria, die schweigend unter dem Kreuz steht, der ebenfalls ihr Kind entrissen wird, die jedoch in der Hoffnung lebt, die selbst das Zeichen der mitleidenden Kirche ist, die am Leiden ihres Herrn und an seinem Schweigen teilnimmt.

So kann das Gebet – stets im Verborgenen – die Hoffnung auf Vergebung für die Henker und gleichzeitig die Hoffnung auf das Leben der Opfer tragen. Hierin besteht unsere wichtige, für den Glauben der Kirche und das Heil der Welt lebensnotwendige Sendung.

Das Leiden Christi im Verlauf der Geschichte

Was ich hier zur Sprache bringen will, kann nur angesichts des Gekreuzigten angenommen werden, angesichts des Auferstandenen, der seine Wunden zeigt. Es kann nur innerhalb der christlichen Berufung verstanden werden. Es sind Gedanken, die Gott in dem Gebet eingibt, das über Christus nachsinnt. Es geht um das, was der Geist der Kirche zu sagen vermag, wenn diese horcht und ihre eigene Berufung empfängt. Folglich handelt es sich um die unerhörtesten Dinge, insofern sie die Offenbarung einer Sendung und die Offenbarung einer Sünde sind. Es eröffnet das, was die Christen das „Mysterium Israels" nennen.[18]

Ausgehend von drei Hauptfiguren greife ich drei Punkte aus dem zweiten Kapitel bei Matthäus auf: die Kinder Bethlehems, Herodes und schließlich Christus.

Die Sterndeuter lasse ich beiseite, denn sie sind genau die, zu deren Vorteil alles geschieht. Ich möchte also eine innere Überlegung mitteilen: So hat der Ausschluß der Sterndeuter seinen Sinn und erhellt diesen Gesichtspunkt.

Die Kinder Bethlehems: Leiden Israels

Wir müssen glauben – sonst erschiene Gott selbst inkohärent in bezug auf seine Verheißung –, daß das gesamte Leiden Israels, das seiner Erwählung wegen von den Heiden verfolgt wird, Teil des Leidens des Messias ist, so wie der Kindermord von Bethlehem Teil der Passion Christi ist.

---

18 Unter ihnen Jacques Maritain, dessen Vorwort zur Übersetzung des Werkes von Erik Peterson, *Die Kirche aus Juden und Heiden,* 1935 erschienen ist. Auch Léon Bloy und Charles Journet, die jeweils ein Werk über das Mysterium Israels verfaßt haben, können genannt werden.

Sollte eine christliche Theologie in ihre Sicht der Erlösung, des Kreuzesmysteriums, nicht einschreiben können, daß auch Auschwitz Teil des Leidens Christi ist, so befänden wir uns in völliger Absurdität. Die Verfolgung der Erwählten Gottes ist nämlich kein Verbrechen wie jedes andere, zu dem die Menschen fähig sind: Es handelt sich um Verbrechen, die direkt mit der Erwählung verbunden sind, mit dem jüdischen Sein. So weit muß man im Verständnis dieser Ereignisse gehen.

Israel wird genau wegen seiner „Herausgenommenheit" von den Heiden verfolgt, was auch immer praktisch und historisch aus ihr resultiert haben mag, und was auch immer die praktischen, sozialen, kulturellen Konsequenzen sein mögen, die ein solches Verhalten hervorgerufen oder erklärt haben könnten.

Was ich soeben gesagt habe, kann von Jüngern Christi nur gesagt und gedacht werden, wenn sie vor dem Gekreuzigten beten. Es hat lediglich für die Jünger des gekreuzigten Jesus Sinn, die selber einwilligen, an seinem Leiden teilzuhaben. Diese Worte sind Teil des Geheimnisses Christi, das nur den Jüngern anvertraut ist. Und wenn dieses Geheimnis dem Blick der Welt ausgesetzt wird, so ruft es Spott, Beschimpfung und Bespucken hervor. Dieses Geheimnis – denn es ist eines – kann nur im Mitleiden mit Christus getragen werden. Es kann nur im Glauben erkannt werden, denn es setzt sogar das Bild aufs Spiel, das man sich von Gott macht. Es bedeutet, das Ärgernis der Passion auf die Spitze zu treiben. Es zieht auf ärgerniserregende und provozierende Weise den 22. Psalm heran: „Mein Gott, mein Gott, warum hast du mich verlassen?". Es zwingt den Jünger Christi, das Schweigen des Vaters zu vernehmen und es mit dem Sohn zu teilen. Es zwingt den Jünger Christi, den Leichnam Christi in seine Arme gelegt zu bekommen. Folglich taucht man in das Ärgernis des Glaubens ein, in das Straucheln des Glaubens, wo die Treue selbst heimgesucht wird, ohne anderen Rückhalt als die Treue Christi, und wo die einzig mögliche Art, einen solchen Moment zu überstehen, darin besteht, sich vollständig in die Hände Christi zu geben. Nur er kann sein Leiden in Treue ertragen. Nur der Sohn, der willentlich den Weg des Gehorsams geht, kann durch sein Leiden und seinen Gehorsam den Sinn des Ärgernisses eines Hiob eröffnen und bezeugen, daß der Vater wahrlich Liebe und Treue ist.

Derartiges erkennen zu können ist nicht nur ein Geheimnis, sondern auch eine Gnade. Es ist die Gnade des Glaubens und der christlichen Treue. Sie kann nur im Gebet derer empfangen werden, die an Christus glauben, den leidenden und verborgenen Messias.

Selbst für Israel ist das eigene Leiden ein Rätsel. Der Christ kann es ihm nicht erklären; er kann nur tun wie Christus, der in die Stille seines Leidens tritt. Christus erklärt seine Passion nicht; er kündigt sie an und tritt schweigend in sein Leiden. Für die Jünger ist die einzige Weise, sein Leiden zu verstehen, ihm nachzufolgen. Und die einzige Weise, in der die Jünger seinem Aufruf antworten, ist vor ihm zu fliehen. Ihre Untreue wird am Leiden Christi gemessen. Niemand hat die Kraft, Christus in seinem Leiden nachzufolgen, nicht einmal die, die er selbst dazu aufgefordert hat. Die Jünger können Christus nur um den Preis der Vergebung in seinem Leiden nachfolgen – die Petrus gewährte Vergebung und die Gnade des Auferstandenen, der seine Wunden zeigt und den Heiligen Geist schenkt.

Für Israel bleibt das eigene Leid nur ein Ärgernis, das dazu führt, im Glauben zu straucheln, oder sich noch blinder, auf noch unverständlichere Weise der Treue Gottes anzuvertrauen. Wie Gott, am Ende der Geschichte, all jene in Christus erkennen wird, die ihm gegeben wurden – das ist das unergründliche Geheimnis seiner Barmherzigkeit.

Der Standpunkt des Herodes: die Sünde der Heiden

Das Gemetzel und die Verfolgung Israels durch die Heiden – bis hin zu den Heidenchristen, wird man sagen müssen – sind der Test bezüglich ihrer Lüge oder ihrer vorgegebenen Anbetung Christi.

Herodes sagt zu den Schriftgelehrten: „Berichtet mir alles, damit auch ich hingehe, ihm zu huldigen" (Mt 2,8). Er gibt also vor, den Messias anerkennen zu wollen. In Wahrheit jedoch läßt er die Kinder Bethlehems niederschlagen. Er entlarvt sich somit als Lügner. Seine vorgegebene Anbetung des Messias ist eine Lüge. Der Kindermord zu Bethlehem ist die Wahrheit über die Lüge des Herodes. Ebenso kann man sagen, daß die konkrete Haltung der Heidenchristen dem Volk Israel gegenüber das Symptom ihrer tatsächlichen Untreue Christus gegenüber ist, oder ihrer Lüge in ihrer Scheintreue zu Christus. Es ist das ungewollte Eingeständnis ihres Heidentums und ihrer Lüge.

Hierbei handelt es sich um eine ganz besondere Sünde, um eine Sünde, die Gott betrifft. Es handelt sich nicht nur um den geläufigen Horror der menschlichen Gattung, die nicht zögert zu töten, niederzumetzeln, sich auf eine Gott und dem Menschen unwürdige Art zu gebärden. Auf diesem Gebiet kommt keinem Volk das Privileg des Bösen zu. Man wüßte nicht, wem im Verlauf der Geschichte der Siegeszweig gebührte.

Es handelt sich hier nicht einfach um eine dem Abendland oder Israel oder sonst einem kleinen Flecken Erde eigentümliche Ausprägung dessen, was in der Geschichte des Menschen gang und gäbe ist. Das Besondere an der Geschichte der Verfolgungen Israels ist, daß sie nicht zu den Verbrechen gehört, deren sich die Menschen gewöhnlich schuldig machen, und von denen man nie weiß, welches Volk ihnen entrinnen könnte. Es ist nur allzu bekannt, daß bis dahin friedfertige Völker sich in Henker verwandeln können. Hier geht es darum, das absolute Opfer zu bezeichnen.

Wenn man es gewagt hat, bezüglich Israel und Christus von Gottesmord zu sprechen, so müßte man bezüglich der christlich genannten, abendländischen Völker und dem, was sie dem jüdischen Volk angetan haben, von Gottesmord sprechen. Denn hier gilt für den einen, was für den anderen gilt: Ablehnung Christi, so wie er sich hingibt, Haß auf die Erwählung, so wie Gott sie schenkt. Das ist der Test bezüglich der Lüge in der Treue zu Gott. Das ist also die Sünde.

Man müßte hier weiter zum Grund dieser Abfolge vordringen. Die Enthüllung des Abgrundes dieser Sünde ist auch hier nur im Gebet zu ertragen, und nur im Gebet kann dies als Gnade empfangen werden. Sonst wird die Sünde entweder zurückgewiesen, das heißt, daß man sie ignorieren möchte, oder sie zieht ein erdrückendes Schuldbewußtsein nach sich.

Vor dem Verbrechen sind das die beiden geläufigen Auswege: Man verschließt entweder die Augen – das Phänomen der Verstocktheit –, oder man ist erdrückt von der Schuld – eine selbstmörderische Haltung, die des Judas. Ob nun aber Nichtsehen-Wollen oder Selbstmord vor der Last des Übels, keine dieser Haltungen ist erträglich, keine ist christlich, keine kommt von Christus. Wenn Christus den Abgrund der Sünde enthüllt, will er sie vergeben, sie erlösen.

Das christliche Gewissen, das heißt das der Jünger Christi, muß in der Lage sein, diese von Brüdern, von Völkern, denen man durch die Geschichte verbunden ist, begangene Sünde im Gebet zu betrachten. Nur so wird das christliche, das mit Christus, dem leidenden und verborgenen Messias verbundene Gewissen ein solches Verbrechen betend tragen können. Nur von einem Ort kann man auf die Henker blicken: am Kreuz mit Christus. Es gibt keinen anderen Blickwinkel, von dem aus man sie ansehen könnte. So tut es Maria, die unter dem Kreuz steht. Sonst macht man es wie die Apostel: Man macht sich davon, man flieht. Sieht man die Henker mit anderen Augen als mit denen Christi an, wird man seinerseits zum Henker. So taten es die Heidenchristen, die lieber einen Henker bezeichneten, die Juden, wobei doch das Evangelium ausdrücklich sagt, die Heiden hätten Christus gekreuzigt (Mt 27,26.27–31; Mk 15,15.16–20; Lk 23,24f.; Joh 19,16.23.32–34). Die Heidenchristen haben die Juden unter dem Vorwand getötet, daß diese Christus getötet hätten, was offensichtlich gotteslästerlich ist. Das offenbart eindeutig, daß der Geist der Welt und nicht der Geist Christi sie bewegte. Sie handeln unter der Macht Satans, der „von Anbeginn ein Mörder ist" (Joh 8,44). Damit sind sie auch dafür verantwortlich, daß der Messias unkenntlich und von den Juden wie von den Heiden verkannt wird.

Der einzige Ort, an dem das zu ertragen ist, sofern die Gnade dazu empfangen wird, ist mit Christus in der Haltung Mariens oder des geliebten Jüngers zu verharren, die beide in das Geheimnis des Messias eintreten und sein Leiden für die Vergebung der Sünden teilen.

Zwanzig Jahrhunderte im Abendland werfen auf all das ein grelles Licht. Das Wesentliche jedoch, von allem, was ich hier anführe, findet sich nahezu wörtlich in den Schriften des Neuen Testaments, ohne gleich behaupten zu können, daß diese Schriften derartige Ereignisse prophezeiten oder prognostizierten (dies zu behaupten wäre schlichtweg dumm). Das Heilsgeheimnis Christi legt sich von vornherein wie ein Lichtschleier über die gesamte zukünftige Geschichte. Natürlich können wir die Schrift nicht einfach dinglich, auf absurde Weise benutzen, um mit einem bestimmten Wort ein bestimmtes Ereignis zu bezeichnen. Hingegen ist aber klar, daß sie deutlich diese unsere Zeit bezeichnet, die andauert bis zur Vollendung der Zeit, denn das Mysterium Christi umspannt bereits die gesamte Geschichte.

Wenn Jesus in der apokalyptischen Rede seinen Jüngern sagt: „ihr werdet von allen Völkern (den *gojim)* um meines Namens willen gehaßt werden" (Mt 24,9), so bezeichnet er den Platz der Jünger an der Seite Christi. Allemal muß noch verstanden werden, und zwar in Christus, wie und warum dem so ist. Welcher Logik nach? Doch genau um dieses Geheimnis geht es auch in der Lehre Christi bezüglich dieser Zeit im Gegensatz zur kommenden; bezüglich dieser „Zeit der Völker", in der die Jünger das Leiden Jesu erfahren und – um es ertragen zu können – die Kraft des Heiligen Geistes und die Erstlingsgaben der Auferstehung empfangen werden.

Der Standpunkt Christi: das Mitleiden des Jüngers

Um diesem doppelten Geheimnis begegnen zu können – Geheimnis der gemordeten Kinder, Geheimnis des Bösen und der Lüge des Herodes –, hat der Jünger die besondere Gnade zu eigen, Christus *anzugehören* und somit seine Kraft zu empfangen, seine Gnade, seinen Geist, sein bereits auferwecktes Leben sowie seine Hoffnung.

Andernfalls kann man vor der leidenden Berufung des Messias lediglich fliehen oder sie ablehnen, genauso wie man vor der Offenbarung der Sünde nur fliehen oder sie verneinen konnte. So handeln die Jünger und die Zeitgenossen Jesu.

Allein in der Gnade der Gabe des Geistes und in der Gnade des Messias und seiner Auferstehung ist ein Weg der Hoffnung möglich. Dieser Weg tut sich in der Teilhabe an der Berufung Jesu auf.

Diese Berufung kann sich in einer Berufung zum Gebet, und zum Gebet in der Kirche verwirklichen. Eines Gebetes im Mitleiden Christi, für Israel wie für die Völker.

Wenn Thomas sagt: „Ich glaube nur, wenn ich das Mal der Nägel sehe", und Jesus ihn auffordert: „Lege deine Hand hier in meine Seite, berühre sie" (Joh 20,24–29), so lädt ihn Jesus gewissermaßen ein zu dieser Haltung des Mitleidens mit ihm. Mit der Geste, zu der ihn der Auferstandene einlädt, lädt er Thomas gewissermaßen ein, in das Leiden Christi einzugehen, um teilzuhaben am Leiden Israels. Was als unverständliches Unheil erlitten wurde, wird durch das Gebet zum erlösenden Werk. Es geht nicht darum, an die Stelle der Opfer zu treten, sondern darum, Teil Christi zu werden. Es geht nicht darum, die Kinder Bethlehems zu bemitleiden – das wäre eine rein sentimentale Übertragung, um sich von einer Schuld zu entlasten –, sondern darum, in das Leiden Christi einzutreten, sofern man dazu berufen ist. Und jeder Getaufte ist nach seinem Maß der Gnade dazu berufen. Mitleiden heißt nicht Mitleid oder Bemitleiden, sondern bezeichnet die Gnade Gottes, teilzuhaben am Leiden seines Sohnes. Mitleiden ist das Einverständnis im Glauben, daß Gott, nach seinem Willen, unserem Leben die Form der Passion verleiht, selbst wenn sie im Rahmen eines ruhigen Lebens verläuft.

Die christliche Berufung, im tiefsten und strengsten Sinne des Wortes verstanden, findet hier eine Bedeutung von äußerster Kraft: Teilnahme am Leiden Christi, der das Leid seines Volkes trägt und die Erlösung der Welt wirkt.

Dieses Gebet ist ein Gebet für die Heiden, damit ihnen die Vergebung Christi zuteil wird, für die Heiden, die zwar Christen heißen können, die jedoch das Christentum entstellt haben, als sie sich seiner bemächtigten, um daraus ihre Religion zu machen.

Ein Jesuitenpater, Missionar in Lateinamerika, drückte diese Entstellung so aus: „Sie haben unseren Christus genommen und ihren Gott aus ihm gemacht." Die assimilierende Gewalt der Zivilisationen und der Völker reduziert den verkündigten Glauben auf den Inhalt archaischer Religionen. Ebenso war es in Israel mit den kanaanäischen Kulten. Stets wurde das Heidentum von den Propheten und den Getreuen des Herrn bekämpft, um das Volk zu bekehren. Der lange Weg fort von den heidnischen Religionen hat es Israel erlaubt, nach und nach als Gnade zu verstehen, was Gott ihm offenbaren wollte: die Heiligkeit, zu der Israel für das Heil aller berufen ist.

Allerdings bleibt das Heidentum bis zuletzt eine Versuchung, und zwar in seinen archaischsten wie fortgeschrittensten Formen; die Macht, die der Mensch sich selbst verleiht, ist die subtilste und modernste. Das Heidentum bleibt eine Gegebenheit, mit der die Jünger Christi ständig konfrontiert werden.

Nicht alle heidnischen Völker sind den Weg Israels gegangen. Das Wasser der Taufe ist noch nicht bis an ihr Herz gedrungen. Ihre Bekehrung würde einen weit tieferen Weg voraussetzen, einen viel grundlegenderen Wandel der Sitten und des Lebens. Es reicht nicht aus, ein Kreuz auf einen Tempel zu setzen, damit daraus eine Kirche wird, oder ein Kreuz auf ein Banner zu malen, um ein christliches Reich zu errichten.

Für die Heiden zu beten, daß sie die Vergebung Christi empfangen, bedeutet auch um Reue zu beten. Die Vergebung bedarf der Reue. Die erste Gnade der Vergebung ist das Auftreten der Zerknirschung im Herzen des Menschen, also die Entdeckung der Sünde. Das Gebet um Reue, um Erkenntnis der Sünde und um Vergebung Gottes – all das ist Teil des Flehens der Kirche.

Aber das ist eine spezifisch christliche Sichtweise. Ich wiederhole nochmals: diese Sichtweise ist lediglich angesichts des Gekreuzigten zu verstehen und zu ertragen, oder angesichts des Auferstandenen, der seine Wundmale zeigt. Dies hat nur Sinn innerhalb eines christlichen und kirchlichen Glaubensaktes und kann außerhalb dieses Glaubensaktes gar nicht ausgedrückt werden. Die Gnade, die daraus für die Kirche hervorgehen kann, ist, auf vollkommenere, reinere und stärkere Weise *ihre* eigentliche und ursprüngliche Berufung zu entdecken und sie als Gnade zu empfangen.

Da, wo sich die Kirche praktisch mit einem Heidenchristentum identifiziert hat, sieht sie dieses unter der eigenen Kritik zusammenbrechen und sie verliert ihre eigene christliche Identität aus dem Auge.

Der Grund, der das zum Teil erklärt, ist der, daß sie sich von ihrer jüdischen Wurzel abgetrennt hat, indem sie aus Christus die Form ihres eigenen Heidentums gemacht hat, einen Gott der Heiden. Doch ihr gegenüber steht Israel, das Zeugnis von Israel gibt – und nicht von Christus. Die Kirche kann Christus lediglich empfangen, wenn sie Israel anerkennt, denn Christus ist der Messias Israels. Die Kirche muß Christus vor den Heiden wie vor den Juden bezeugen, doch sie kann ihn nur bezeugen, wenn sie am Sein Christi teilhat, das gekreuzigt, verborgen, geheimnisvoll ist. Und wollte sie Israel von sich aus als Feind verwerfen, lehnte sie in Wirklichkeit ihren Christus ab.

Der gekreuzigte und kreuzigende Stand der Kirche kann lediglich in der Hoffnung gelebt werden, die in dieser Zeit und dieser Welt die Erfüllung der an Israel ergangenen Verheißungen ankündigt, die bereits verwirklicht ist und doch bis zum Tag der Offenbarung des Menschensohnes in all seiner Pracht verborgen bleibt. Christus, der Sohn Gottes, vereint in seiner Gnade Heiden und Juden, damit die Israel erwiesene Gnade aufleuchtet als Quelle des Heils für alle Menschen. So wird die Treue Gottes offenbar. Er versammelt die Jünger seines Sohnes, die Brüder Christi, damit sie die Gnade empfangen, sein Schicksal zu teilen und ihrerseits zum Sakrament dieser Hoffnung zu werden.

Die Sünde, der die Heidenchristen erlegen sind, ob es nun Männer der Kirche, Könige oder Völker waren, bestand darin, sich Christi durch Entstellung zu bemächtigen und dann aus dieser Entstellung ihren Gott gemacht zu haben. Somit haben sie das verfolgte Israel dazu geführt, ungewollt als Gestalt des erniedrigten Christus aufzutreten. Ihr Verkennen Israels ist der Test ihrer Verkenntnis Christi, dem zu dienen sie vorgeben.

In ihm alle Verheißungen Gottes

Im dritten Kapitel bei Matthäus tritt Johannes der Täufer auf und verkündet in der Wüste Judäas: „Kehrt um! Denn das Himmelreich ist nahe. Von ihm sagte der Prophet Jesaja: Eine Stimme ruft in der Wüste: Bereitet dem Herrn den Weg! Ebnet seine Pfade" (2 f.). Matthäus beschreibt daraufhin Johannes, wie Elija gekleidet mit einem Gewand aus Kamelhaaren, einen ledernen Gürtel um die Hüfte, mit Heuschrecken und wildem Honig als Nahrung. Details? Nein. Wir kommen darauf zurück. Doch schauen wir weiter:

„Da zogen zu ihm Leute aus Jerusalem und ganz Judäa und aus dem ganzen Jordanland. Sie bekannten ihre Sünden und ließen sich im Jordan von ihm taufen. Als Johannes auch viele Pharisäer und Sadduzäer zur Taufe kommen sah, sagte er zu ihnen: Ihr Schlangenbrut! Wer hat euch gelehrt, ihr würdet dem kommenden Zorngericht entrinnen? Bringt Frucht, die der Bekehrung würdig ist. Wähnt ja nicht, bei euch sagen zu dürfen: Wir haben Abraham zum Vater. Denn ich sage euch: Gott kann aus diesen Steinen Kinder Abrahams machen. Schon ist die Axt an die Wurzel der Bäume gesetzt. Jeder Baum nun, der keine gute Frucht trägt, wird umgehauen und ins Feuer geworfen. Ich taufe euch nur mit Wasser zur Bekehrung. Der aber nach mir kommt, ist stärker als ich, und ich bin es nicht wert, ihm die Sandalen auszuziehen. Er wird euch mit Heiligem Geist und Feuer taufen. Mit der Wurfschaufel in der Hand wird er seine Tenne reinigen: seinen Weizen wird er in die Scheune bringen, die Spreu aber in unauslöschlichem Feuer verbrennen. Damals kam Jesus aus Galiläa an den Jordan zu Johannes, um sich von ihm taufen zu lassen. Johannes aber wollte es nicht zulassen und sagte: Ich müßte von dir getauft werden, und du kommst zu mir? Jesus antwortete ihm: Laß es jetzt zu; denn so geziemt es sich für *uns*, daß wir alle Gerechtigkeit erfüllen. Da ließ er es zu. Als er getauft war, stieg Jesus sogleich aus dem Wasser. Da öffnete sich ihm der Himmel und er sah den Geist Gottes gleich einer Taube über sich herabkommen. Und eine Stimme vom

Himmel sagte: Das ist mein geliebter Sohn, an dem ich Wohlgefallen habe" (Mt 3,5–17; 4,1f.).

Folgt der Bericht von der dreifachen Versuchung. „Da ließ ihn der Teufel, und Engel kamen herbei und dienten ihm" (Mt 4,11).

„Als aber Jesus hörte, daß Johannes gefangengesetzt war, zog er sich nach Galiläa zurück. Er verließ Nazareth und nahm seinen Wohnsitz in Kapharnaum am See, im Gebiet von Sebulon und Naphthali. So sollte sich das Wort des Propheten Jesaja erfüllen, der da sagt: Land Sebulon und Land Naphthali, Straße am Meer jenseits des Jordan, Galiläa der Heiden, das Volk, das im Finstern sitzt, hat ein helles Licht gesehen; denen, die wohnen im Schattenreich des Todes, ist ein Licht aufgestrahlt" (Mt 4,12–16, vgl. Jes 8,23–9,1).

Das öffentliche Wirken Jesu beginnt erst nach der Versuchung und der Verhaftung des Johannes.

„Von da an begann Jesus zu verkündigen und zu rufen: Kehrt um! Denn das Himmelreich ist nahe" (Mt 4,17). Die Taufe Jesu und seine Versuchung in der Wüste gehören also zu den verborgenen Geheimnissen. Um diese Augenblicke des Evangeliums zu vernehmen, müssen wir sie in einer Haltung der Betrachtung und des Gebetes empfangen. Anders können wir nicht wahrnehmen, was uns gesagt wird.

Die Taufe des Johannes

Betrachten wir mehrere Punkte, zunächst die Natur der Taufe des Johannes. Was bedeutet sie, welche Wichtigkeit hat sie für die Kirche? Diese Stelle ist ein Hauptpunkt im Evangelium, der seine ganze Kraft behält. Doch wird sie häufig verkannt und beiseite gelassen, denn die Taufe des Johannes wird lediglich als vage Vorbereitung, als eine Art Bußzeremonie angesehen, die Weihnachten oder Ostern vorangeht, um die Dinge wieder etwas in Ordnung zu bringen!

In Wirklichkeit aber ist die Taufe des Johannes durchaus der Ursprung der Taufe, die wir empfangen haben. Es ist die Taufe, die Jesus empfängt und die auch wir empfangen. Es handelt sich um die gleiche grundlegende Handlung, die das Himmelreich eröffnet. Denn Johannes – Matthäus sagt dies ausdrück-lich (Mt 3,2) – verkündet die Nähe des Himmelreiches; Jesus nimmt diese Verkündigung wörtlich auf (Mt 4,17). Der Evange-list Johannes unterstreicht dies ebenfalls auf präzise Weise.

Welchen Sinn haben also Verkündigung und Taufe des Jo-hannes?

Der Täufer tritt als neuer Elija auf, den seine Kleidung als sol-chen beschreibt: „Johannes trug ein Gewand aus Kamelhaaren und einen ledernen Gürtel um die Hüfte, seine Nahrung bestand aus Heuschrecken und wildem Honig" (Mt 3,4).

Diese Kleidung der Wüste und diese Nahrung sind ein ein-deutiger Hinweis auf den Propheten Elija: „Wie sah der Mann aus, der euch entgegenkam und diese Worte zu euch sprach? Sie erwiderten: Er trug einen Mantel aus Ziegenhaaren und hatte einen ledernen Gürtel um die Hüften. Da sagte er: Das war Eli-ja aus Tischbe" (2 Kön 1,7–8).

Jesus selbst bezeichnet ihn so, als er zur Menge spricht: „Und wenn ihr es gelten lassen wollt: er ist Elija, der da kommen soll" (Mt 11,14 und 17,12: „ist schon gekommen"). Und dem jüdi-schen Glauben zufolge geht der neue Elija dem Kommen des Messias voran.

Gibt es im Judentum Vorläufer der Taufe des Johannes? We-der die jüdischen Reinigungsriten noch die von Qumran sind dies. Die einzige Referenz, die hier einen Sinn ergibt, ist die Tau-fe der Proselyten. Im Judentum, das sich im Römischen Reich in voller Ausbreitung befand, gab es viele „Gottesfürchtige", das heißt Heiden, die in den Bund eintreten wollten. Sollte man ih-nen die Beschneidung auferlegen, gegen die sie eine sehr starke Abneigung empfanden, oder nicht? Im ersten Jahrhundert, oder gegen Ende des zweiten Jahrhunderts vor unserer Zeitrech-nung, verbreitete sich der Brauch, sie nicht zu beschneiden, um sie Israel einzugliedern, sondern sie in einem Ersatzritus zu tau-fen, in der Hoffnung, daß sie selbst anschließend ihre Kinder beschneiden würden. Tatsächlich hat das aber leider zu vielerlei Mißbräuchen geführt.

Später hat das Judentum diese Praxis eingedämmt. Um ihr entgegenzuwirken, gab ein berühmter Rabbiner folgende Ant-wort: „Einverstanden, wir taufen sie, doch zunächst beschneiden wir sie." Denn die Heiden neigten dazu, diesen Taufritus als Weg der Bequemlichkeit aufzufassen und sich somit auch den Verpflichtungen zu entziehen.

Der Taufritus ist aber nicht irgendein Ritus. Er hat einen Sinn: er ist der Eingliederungsritus der Heiden in Israel.

Für Johannes den Täufer jedoch geht es ausschließlich darum, diesen Ritus den Bewohnern Jerusalems, Judäas und des Jordanlandes anzubieten, nicht aber den Bewohnern Samariens, nicht einmal denen Galiläas. Die Evangelisten unterstreichen, daß Johannes *nachträglich* nach Samarien geht, um durch seine Verkündigung die eschatologische Vereinigung der beiden Königreiche von Judäa und Samarien vorzubereiten, sowie daß er Christus dort vorangeht, wo er ihm Jünger vorbereitet hat. Jesus sagt es seinen Jüngern: „Ihr erntet da, wo ihr nicht gesät habt. Seht die Felder, die bereits weiß sind für die Ernte" (Joh 4,35–38). Im Munde Jesu ist Johannes der Täufer der, der gesät hat.

Vorerst verkündet Johannes der Täufer den Judäern in Judäa eine Reuetaufe zur Bekehrung: sie müssen sich folglich als Heiden betrachten, die den Bund gebrochen haben und ihn nun wieder durch die reine Gnade Gottes leben.

Indem sie ihre Sünde bekennen, bitten sie Gott, den Bund doch wiederherzustellen, den Neuen Bund zu gewähren, den Jeremia und Ezechiel angekündigt haben, die Gabe des Heiligen Geistes also, der das Gesetz in das Herz einschreiben wird, damit Israel nicht mehr sündige. Israel wird ein vollkommen heiliges Volk sein, da die Kraft Gottes selbst ihm vollkommen innewohnt, wie es das *Deuteronomium* vorschreibt. Man kann sagen, daß das gesamte Evangelium im *Deuteronomium* wie eine Hoffnung enthalten ist, die Gott erfüllen wird. Im *Deuteronomium* finden sich alle Texte, die den Kern der jüdischen Frömmigkeit, also auch der Frömmigkeit Jesu ausmachen, das „Höre, Israel"[19] inbegriffen. Und Jesus entnimmt dem *Deutero-*

---

19 Das Judentum legte größten Wert auf das Deuteronomium. Die Bibliothek von Qumran zählte mehr als 15 Abschriften. Es enthält die vollendetste Synthese der Theologie des AT, Gerhard von Rad zufolge „in einem bis dahin und auch danach unerreichten Gleichgewicht". Nach den Psalmen und dem Buch Jesaja ist es das meistzitierte Buch im NT.

nomium seine Antworten an den Versucher. Das ist kein Zufall. Man kann sagen, daß die ganze Verheißung, die Verkündigung der Frohen Botschaft hier bereits vorliegt: Gott wird kommen, seinen Geist wird er geben, so daß Israel Gott gehorchen kann, damit es seinen Dienst in Liebe verwirklicht und so das Werk der Heiligkeit, durch das die Welt gerettet wird, erfüllt. Denn wenn Israel Gott so gehorcht und von Gott die Kraft zu diesem Gehorsam empfängt, dann erfüllt sich die Verheißung. Gott wird die Herzen verwandeln, indem er selbst kommen wird, um im Herzen Israels zu wohnen und Israel zu seinem liebenden und gehorsamen Sohn zu machen.

An Israel nun, an den Bewohnern Judäas, sich als Rechtlose vor Gott, als Sünder zu betrachten; an ihnen, die den Bund empfangen haben, ihre Privilegien vor Gott niederzulegen, um sich vollständig der Macht Gottes anzuvertrauen, damit er sie unverdient erlöse, so als wären sie Heiden, wiewohl sie Juden sind.

Das ist der vielleicht paradoxe Sinn der Taufe des Johannes zur Vergebung der Sünden.

Nun sieht er aber viele Pharisäer und Sadduzäer zu sich kommen, das sind Leute, die wirklich völlig gegensätzliche Standpunkte haben. Die einen glauben an die Auferstehung, die anderen nicht; ihre Standpunkte sind unvereinbar. Hier liegt auch der Sinn der Verkündigung des Johannes: „Wer hat euch gelehrt, ihr würdet dem kommenden Zorngericht – dem Gericht Gottes – entrinnen? Bringt Frucht, die der Bekehrung würdig ist. Wähnt ja nicht, bei euch sagen zu dürfen: Wir haben Abraham zum Vater. Denn ich sage euch: Gott kann aus diesen Steinen Kinder Abrahams machen" (Mt 3,7–9). Das könnte eine Anspielung auf die Auferstehung sein. Denn die Steine sind vielleicht auch aufgerichtete Steine, Grabsteine. Die Ungeschuldetheit wird hier angesprochen: die Anerkenntnis, daß ein Sohn Abrahams zu sein keinerlei Recht gewährt und daß Gott die Söhne Abrahams auferwecken kann. „Gott kann aus diesen Steinen Kinder Abrahams machen" bedeutet, daß Gott die Toten erwecken wird. Seid also bereit zur Bekehrung, und den Augenblick des Gerichts zu empfangen: „Schon ist die Axt an die Wurzel der Bäume gesetzt, und jeder Baum, der keine Frucht trägt, wird umgehauen und ins Feuer geworfen" (Mt 3,10).

Johannes kündigt das kommende Reich an: „Ich taufe euch nur mit Wasser, damit ihr euch bekehrt; doch nach mir kommt der, nicht einmal dessen Jünger zu sein ich würdig bin" (Mt 3,11). Da Sandalen auszuziehen eine Geste ist, die der Jünger dem Meister erweist, sagt er damit, er sei nicht einmal würdig, sein Jünger zu sein. „Er kommt hinter mir". „Er kommt nach mir." „Er ist stärker als ich." „Er wird euch mit dem Heiligen Geist und mit Feuer taufen" – mit dem Feuer des Geistes, dem reinigenden Feuer, das im Gericht zu bestehen ermöglicht. Das ist die Ankündigung einer vollständigen und endgültigen Reinigung von der Sünde. Es ist die Ankündigung der Fülle der Gabe des Geistes und der Heiligkeit, die Gott seinem Volk gewähren möchte.

Diesem Abschnitt folgt die Ankündigung des eschatologischen Gerichts, wofür die Ernte ein Bild ist, wohingegen die Aussaat eins für diese Zeit der Geschichte ist.

Dann tritt Christus auf, aus Galiläa kommend. Er, der bis jetzt „aufgespart" wurde, kommt an das Ufer des Jordan, um von Johannes getauft zu werden. Zunächst will Johannes es nicht zulassen: „Ich müßte von dir getauft werden", sagt er zu Jesus (Mt 3,14). Somit erkennt er ihn, er identifiziert ihn, er bezeichnet ihn als den, der im Geist und im Feuer tauft.

Die Antwort Jesu ist entscheidend: „Laß es jetzt zu – für die Zeit des Lebens Jesu –, denn nur so können *wir* die Gerechtigkeit ganz erfüllen" (15). Das „wir" zeigt die absolute Solidarität des Schicksals des Johannes mit dem Jesu auf. Der Täufer wird die Passion Jesu vorwegnehmen. Die Abschnitte im Leben Johannes des Täufers werden die Momente des Wirkens Jesu prägend bezeichnen.

Es folgen dann die beiden Szenen, zu denen diese Präambel hinführte: die Taufe Jesu und seine dreifache Versuchung.

Jesus wird getauft

In einer wirklichen Offenbarung, einer Apokalypse, hören wir die Stimme Gottes – ein Wort, das, zumindest vorerst, nur an Jesus gerichtet ist, wie er selbst es in Erinnerung rufen wird:

„Mir ist von meinem Vater alles übergeben worden. Niemand kennt den Sohn, nur der Vater. Und niemand kennt den Vater, nur der Sohn und der, dem der Sohn es offenbaren will" (Mt 11,27).

Diese Offenbarung Jesu als Sohn, der die Fülle des Geistes Gottes empfängt und von Gott als der wahre Sohn bezeichnet wird, an dem er sein Wohlgefallen hat, können wir auf zwei verschiedenen Ebenen verstehen, die einander nicht ausschließen, sondern ganz im Gegenteil bedingen, denn die eine verwirklicht sich nur in der anderen.

Der erste, offensichtliche Sinn, die erste Ebene ist, daß Jesus als der Sohn schlechthin bezeichnet wird. Er wird nicht als ein Ersatz für Israel bezeichnet, sondern als die Verwirklichung der Berufung Israels. Er ist der, in dem sich die an ganz Israel gerichtete Verheißung verwirklicht und durch den sie mitgeteilt werden kann.

Das wird übrigens auch in der Folge des Berichtes symbolisiert. Es ist nämlich bei der Versuchung Jesu in der Wüste so, daß die Symbolik der Zahlen und die Symbolik der Versuchungen die Zeit des Exodus, die Zeit der Wüste wiederholen. Das ist weder Zufall noch Sinn für Harmonie. Dem ist so, um ganz genau festzuhalten, daß die Verheißung in Jesus verwirklicht ist, denn er ist der vielgeliebte und gehorsame Sohn, der in der Lage ist, im Kampf der Treue den Willen des Vaters vollständig zu erfüllen. Und das, weil er die Fülle des Geistes empfangen hat und Gott in ihm die prophetische Verheißung verwirklicht.

Das heißt, daß in ihm alle Verheißungen Gottes verwirklicht werden, bis einschließlich der Verheißung vom besiegten Tod. Denn auch das gehört zur Hoffnung Israels: die Heiligkeit, die Gottesschau von Angesicht zu Angesicht, die Auferstehung der Toten, die Versammlung des Volkes in seinem Land und alle eschatologischen Güter.

Jesus wird vom Evangelisten als derjenige bezeichnet, in dem sich die gesamte Hoffnung Israels auf vollkommene Weise erfüllt, selbst in der Verborgenheit seiner Existenz.

Die zweite Ebene ist die, in der uns dieser geliebte Sohn, der Grund der Liebe des himmlischen Vaters, als das Wort Gottes selbst offenbart wird, als der ewige Sohn Gottes, der Fleisch annimmt. Er ist Sohn in einem unvorstellbaren Sinn. In ihm ist Israel nicht nur das Gegenüber Gottes, sondern der, dem die Herrlichkeit Gottes innewohnt. Er ist der, in dem sich die Herrlichkeit nicht nur ausspricht und vernehmbares Wort wird, sondern in dem sie zum fleischlichen Wort wird. Gott selbst gibt sich im Sohn preis und gibt uns seinen Sohn preis. Selbstverständlich können das nur die glauben, denen diese Gnade von Christus selbst zuteil wurde. Das ist kein Verdienst, dessen der Mensch sich rühmen könnte. Jesus sagt es uns: „Mir ist von meinem Vater alles übergeben worden. Niemand kennt den Sohn, nur der Vater. Und niemand kennt den Vater, nur der Sohn und der, dem der Sohn es offenbaren will" (Mt 11,27).

Ebenso kennt nur der Vater das Geheimnis des Sohnes, und der, dem es der Vater offenbaren will. Das wird später ausdrücklich Petrus gesagt, als er Jesus als Messias bekennt, als Sohn des lebendigen Gottes, welchen Sinn auch immer diese Worte im Munde Petri haben mögen. Jesus sagt ihm: „Selig bist du, Simon, Sohn des Jona; denn nicht Fleisch und Blut haben dir das offenbart, sondern mein Vater im Himmel" (Mt 16,17). Im Glaubensbekenntnis des Petrus erkennt Jesus das an diesen gerichtete Wort der Gnade.

Die Erkenntnis des Sohnes in dessen Sohnschaft kann nur das Werk Gottes sein. Sie kann folglich nur als Gnade Gottes empfangen werden, als Gabe des Vaters und somit als eine Berufung. Sie kann nicht Gegenstand einer Beweisführung sein; die einzige Beweisführung der Sohnschaft ist das Kreuz. Johannes wird sagen, daß sich dort die Herrlichkeit des Vaters und die Sohnschaft Jesu offenbart (Joh 12,23–28).

Hier tritt also der auf, der sich in Wahrheit der Taufe des Johannes unterwirft. Er empfängt den Bund. Er leitet die Zeit des Bundes im Geiste ein, des Bundes, den er in einem Akt des reinen Empfangens, der reinen Unterwerfung erfüllen wird. Er täuscht nicht vor, sich als Sünder anzusehen, sondern er erkennt an, daß die Israel geschenkte Gabe reine Gnadengabe Gottes ist. So sehr er auch Sohn sein mag, er hat keinerlei „Recht". Alles ist als reine Gnade des Vaters geschenkt. Also unterwirft er sich selbst diesem Ritus des Bundes, der durch seinen eigenen Widerhall sowohl auf Eintauchen und Tod als auch auf Auftauchen und Leben hinweist. Ein anderer Zusammenklang, wo von Anbeginn seine Berufung als leidender Messias erscheint, oder sein leidendes „Knechtsein",[20] denn auf direkte Weise ist hier nicht vom Messias die Rede, es sei denn durch die Bezeichnung „Sohn", die auch ein Hoheitstitel sein kann (vgl. Ps 2).

So sehr er auch Sohn ist, die Liebe des Vaters empfängt er als reine Gnade. Und in vollständigem Gehorsam erfüllt er seine Zeit in der Wüste.

Die dreifache Versuchung

Die erste Versuchung, der Jesus ausgesetzt ist, so wie sie der Evangelist berichtet, besteht in der Anerkenntnis, sein Leben von Gott allein und nicht etwa aus eigener Kraft zu empfangen. In der Anerkenntnis, daß Gott tatsächlich *der* Quell des Lebens und *der einzige* Quell des Lebens ist, daß das Wort Gottes also den Tod besiegen kann und dieses Wort empfangen werden muß, daß es in Treue bis zur äußersten Grenze des Lebens bewahrt werden muß. Wenn nämlich Jesus Hunger hat, so heißt das, daß er nicht einfach ein Hungergefühl verspürt, im Sinne des Appetits, sondern daß sein Leben bedroht ist. Er nimmt auf sich, in dieser Bedrohung zu verharren, um sich einzig und allein dem Wort Gottes anzuvertrauen, das seine Nahrung, sein Leben ist.

Dasselbe geschieht bezüglich der Erfüllung des Willens Gottes. „Bist du Gottes Sohn, so stürz dich hinab, denn es steht geschrieben: Seinen Engeln befiehlt er, dich auf ihren Händen zu tragen, damit dein Fuß an keinen Stein stößt" (Mt 4,6, nach Ps 91).

Auch hier, selbst in der Erfüllung des Heilswillens Gottes, weigert sich der gehorsame Sohn, sich des Planes Gottes zu be-

---

20 Im Lied vom leidenden Gottesknecht schildert Jesaja diesen Knecht als „Lamm, das zur Schlachtbank geführt wird", „dahingerafft", „abgeschnitten vom Land der Lebenden". Aber seines Leidens wegen wird dieser Knecht „Nachkommen sehen und lange leben" (Jes 53,7–11). Johannes der Täufer wird Jesus als das „Lamm Gottes" und als den „Erwählten" bezeichnen (Joh 1,29.34.36).

mächtigen. Er unterwirft sich vollständig. Er weigert sich, aus diesem Plan etwas anderes als das Vorhaben des Vaters zu machen. Der Sohn verbleibt im liebenden Gehorsam der Sohnschaft, also des Glaubens. Der *Hebräerbrief* verwendet diesen Begriff des „Glaubens", dessen „Urheber und Vollender"Christus ist (Hebr 12,2); hier liegt ein wichtiger, häufig verkannter Aspekt der christlichen Theologie vor. Die „Ausdauer" Christi (Hebr 12,2.3) ist Vollendung der Haltung, zu der Israel berufen ist und die von den Jüngern Jesu im „Glauben" gelebt wird.

Die Antwort Jesu: „Du sollst den Herrn, deinen Gott nicht versuchen" (Mt 4,7).

Die dritte Versuchung ist eine umgreifende Aufnahme des Konflikts, der zwischen Israel und jeder menschlich festgelegten sozialen Struktur besteht: Wie kann man sein kollektives Dasein als Volk, seine zeitliche und fleischliche Existenz nur von Gott empfangen? Der Teufel läßt von Jesus ab, bis zu der Zeit, in der die Versuchung wiederholt wird. „Und Engel kamen herbei und dienten ihm" (Mt 4,11).

In Galiläa

Jesus zieht sich nach Galiläa zurück, berichtet der Evangelist, der hierbei – unter Bezug auf die Sprüche bei Jesaja – unterstreicht, daß es sich um das „Galiläa der Völker", das Galiläa der Heiden handelt. Der gehorsame Knecht wird so, wie es der Prophet gesagt hat, zum Licht für die heidnischen Völker. Den Völkern, die dem Tod unterworfen sind, bringt er das Licht, also das Leben. Er bringt ihnen das Leben, das nicht nur das Gesetz, sondern die Auferstehung ist.

Weil er das „gehorsame" Israel ist, kann er so erfüllen, wozu Gott Israel bestimmt hat. Dies wird wiederholte Male in der Bibel angeführt. Lukas sagt es auf seine Weise im Lobpreis des Simeon: „Ein Licht, das die Heiden erleuchtet, und Herrlichkeit für dein Volk Israel" (Lk 2,32). „Das Volk, das im Dunkel lebt, hat ein helles Licht gesehen; denen, die im Schattenreich des Todes wohnten, ist ein Licht erschienen" (Mt 4,16). Dieses fast wörtliche Jesaja-Zitat (9,1) nimmt Lukas zum Teil am Ende des Lobpreises des Zacharias (1,79) auf. Natürlich ist hier vom Götzen-kult die Rede, doch auch vom Tod im engen Sinn des Wortes.

Wir verstehen dieses Kommen nicht einfach als Einleitung zum Evangelium, sondern als Eintrittstor vor dem Beginn der Verkündigung Jesu. In dieser neuen Pforte zum Geheimnis Jesu tritt dieser wirklich als der auf, in dem sich die an Israel gerichtete Verheißung erfüllt. Was hier hervorgehoben wird, ist die Gabe des Geistes und der Sieg über Satan, den Widersacher. Es ist die Gabe des Geistes und die Treue, oder der zur Vollendung geführte Glaube: wir könnten vom Glauben Jesu[21] als der Vollendung des Glaubens Israels sprechen – es ist die Treue des Sohnes. Auch geht es hier symbolisch um die Geburt des neuen Volkes, des erneuerten Volkes, das aus dem Geist geboren und diesem Sohn, „dem Erstgeborenen unter vielen", wie es im *Römerbrief* heißt (8,29, vgl. Hebr 2,10), zum Bruder gegeben wird.

Denken wir an das, was wir über „Jesus und das Gesetz" gesehen haben, und bleiben noch bei diesem Punkt.

Christus hat sich an der Erfüllung des ganzen Gesetzes Gottes gelabt; nichts von diesem Gesetz, seiner Nahrung, darf ausgespart werden, nicht einmal das geringste Gebot. Die „Frohe Botschaft" ist, daß der verheißene Geist, der Israel die Treue schenkt, in Fülle auf Jesus ruht. Die Gabe ist sowohl Gegenstand unserer Hoffnung wie unseres Glaubens. In Jesus ist die Israel von Gott verheißene Treue bereits verwirklicht – Jesus befolgt das Gesetz auf vollkommene und vollständige Weise. Nicht so, wie die Menschen es befolgen können, sondern wie der vom Geist Gottes erfüllte Sohn, der es in der souveränen Freiheit Gottes befolgt. Somit macht er aus dem Gesetz keine Vorschrift, die fremd bleibt, sondern ein innerliches Gesetz, seine Nahrung. In der souveränen Freiheit des Geistes erfüllt er in Vollkommenheit das gesamte Gesetz, in dem er das Geheimnis der Liebe Gottes und die Gestalt des Vaters entdeckt.

---

21 Der Glaube Christi ist nach Hans Urs von Balthasar, *La foi du Christ* (1968), zu verstehen. Zum „Sohnesglauben" Jesu vgl. *Bibel und Christologie. Ein Dokument der Päpstlichen Bibelkommission,* dt. 1987.

Er ist es also, der gleichzeitig die Verheißung der Vergebung der Sünde und die Umgestaltung im Herzen des Menschen vollbringt. Er ist dieser Mensch mit neuem Herzen (vgl. Ez 36,26), in dem keine Sünde ist, der also das Gesetz vollkommen erfüllen kann und es somit bis zum Schluß leben kann. Für ihn ist folglich das Gesetz nicht mehr Offenbarung der Sünde, sondern Offenbarung der Gnade. Denn dem sündigen und schwachen Menschen, der den Willen Gottes nicht erfüllen kann, offenbart das Gesetz das Maß seiner Untreue, vor der er nur das Erbarmen Gottes erflehen kann. Wobei in Christus das Gesetz die Liebe offenbart, da er es vollkommen erfüllt und in der Gabe des Geistes ganz und gar mit dem Willen des Vaters Gemeinschaft hat. Er ist durchdrungen von der Fülle des Geistes, wie es Israel verheißen wurde. So ist also keine Sünde in ihm, und er entgeht dem Gericht. In ihm vollzieht sich sogar das Gericht, da er die Heiligkeit selbst ist. Nur er kann die Sünde ermessen und sich an der Sünde messen. Nur wie?

Das Evangelium teilt es uns mit: hier ist das Geheimnis dessen, der sich „zur Sünde" für uns gemacht hat (2 Kor 5,21). Wie können sich Gott und der Mensch an der Sünde messen? Das konnten wir uns nicht einmal vorstellen. Mit den Worten Jesajas: „Wir meinten, er sei von Gott geschlagen, von ihm getroffen und gebeugt. Doch er wurde durchbohrt wegen unserer Verbrechen, wegen unserer Sünden zermalmt" (53,4–5).

Weil er uns geschenkt wurde, weil das Reich Gottes da ist, wird allen, die Gott ruft, auch der Aufruf zuteil, an diese Frohe Botschaft zu glauben und jetzt schon die Erstlingsgaben und das Unterpfand dessen zu empfangen, was in ihm bereits vollkommen erfüllt ist.

Was in Jesus gegeben ist, ist uns bereits mitgeteilt, wenngleich als Hoffnung, in der Form eines Anteils (2 Kor 1,22; 5,5). Wir glauben, daß Gott diese Gabe bereits gewährt hat, daß sie im Geheimnis dieser Zeit verborgen ist und wir jetzt schon aus Gnade von ihr kosten können. Selbst wenn wir Sünder bleiben und ständig von dem eingeholt werden, was Paulus den „alten Menschen" nennt (Eph 4,22; Kol 3,9), von den Kräften des Todes, die in uns sind, und die Macht des Geistes in uns noch nicht gesiegt hat. Wir befinden uns noch in der Zeit, in der die Ernte aussteht. Was der Vielfalt der Herzen und ihres Geheimnisses gemäß erst als Same und Keim gegeben ist, muß noch reifen zur Ernte, die Gott einfahren wird.

Das ist der eigentlich christliche Glaube, der Glaube der Jünger Christi. Es ist schade, daß das Wort „Christ" im gängigen Sprachgebrauch ein ausschließender Gegensatz zum Wort „Jude" geworden ist, was recht seltsam ist. Die beiden Begriffe haben nicht denselben Wert. „Christ" bedeutet Jünger Christi – sagen wir Jünger Jesu (was das Problem Israels und der Heiden unberührt läßt). Das wird man nur in Anerkenntnis der Gnade. So wie die Bewohner Judäas, die Juden aus Judäa und Jerusalem, die Pharisäer und Sadduzäer zur Zeit Jesu eingeladen waren, die verheißene Erfüllung des Reiches Gottes als ungeschuldete Gnade zu empfangen, derer sie nicht würdig waren. Johannes der Täufer verkündete kein neues Wort. Es war bereits vollständig bei den Propheten zu finden: „Bekehre uns Herr, und wir werden bekehrt sein"; „laß uns umkehren, und wir kehren zurück." So viele Sätze bei Hosea (14,2), Jeremia (31,18), Jesaja (44,21 ff.) und Baruch (2,31 f.; 4,28 f.) drücken das hinreichend aus. Das ist der ganze Hintergrund der prophetischen Verkündigung, von dem Augenblick an, als die erschütternde Erfahrung der Untreue gemacht wurde, die gleichzeitig Erfahrung des Vertrauens in die Macht Gottes war.

Die Jünger Jesu wissen, daß sie – zwar noch in der Hoffnung, doch nicht minder wirklich – Anteil haben an der in Jesus geschenkten Gabe. Sie können Brüder (Mt 28,10), Jünger (Mt 26,18, Joh 13,35; 15,8), Glieder Jesu (1 Kor 6,15) werden, an dem teilnehmen, was in ihm die Vollkommenheit der Gabe Gottes ist. Sie wissen, daß das Reich Gottes gekommen ist, zwar nicht in seiner eschatologischen Vollendung, aber durch die Gabe des Geistes in dem, der von den Toten auferstanden ist und bereits jetzt an seinem Leben teilhaben läßt.

Die Hoffnung Israels

Bevor wir zu einem anderen Punkt des Evangeliums übergehen, noch einige Hinweise auf die vielen Folgen und Schätze, die sich bei Matthäus im dritten Kapitel finden lassen.

Jesus wird also vom Evangelisten, der sich an den Glauben der Jünger wendet, als der vorgestellt, in dem sich die an Israel gerichtete Verheißung erfüllt. Kein Ersatz für Israel, sondern die Vollendung Israels. Er ist zugleich die Hoffnung Israels, als Vorwegnahme der endgültigen Ankunft und des Zeitenendes, und der, in dem Israel sein eigenes Schicksal erkennen kann. Ebenso ist er derjenige, auf den die Völker hoffen können, denn er ist „das Licht der Völker".

Den Geist Jesu, das wird hier klar, kann man strenggenommen nur empfangen, wenn man die Hoffnung Israels teilt. Das ist die Bedeutung der Taufe, denn die Taufe ist, wie Paulus es oft ausdrückt, eine Eingliederung in Christus (1 Kor 12,13.27; Eph 1,23; 3,6; 4,12; Kol 1,18.24). Davon nicht zu trennen ist sie zugleich auch eine Eingliederung in Israel, sonst hätte sie keinen Sinn.

Daß das viele Juden heute nicht anerkennen, ist eine ganz andere Frage. Die Frage, die uns beschäftigt, ist, wie der Jünger Christi glauben kann. Unter welchen Bedingungen glaubt er wirklich? Für uns geht es also darum, den Glauben anzunehmen, dem von Gott gegebenen Reichtum und der besonderen Gnade entsprechend, die uns zuteil wird.

Ebenso ist klar, daß derjenige, der nicht an den Reinigungen teilgenommen hat, auch nicht an der Hoffnung teilhaben kann. Das setzt voraus, daß der Weg, durch den das Herz nach und nach bekehrt und bereitet wurde, auch wirklich beschritten wird – bis hin zur Erfahrung der Ohnmacht und des Versagens angesichts der Forderung Gottes. Andernfalls ist die Gefahr der Selbsttäuschung immens. Erfahrung und Geschichte zeigen, daß das keine Einbildung ist. Die Gefahr besteht hierbei darin, Christus lediglich wie einen der Götter zu empfangen, die im Herzen des Menschen wohnen, oder aus Christus lediglich die

Form des eigenen Verlangens zu machen, oder den Göttern der Heiden, den Göttern der Völker seinen Namen oder den des Gottes Israels zu geben.

Anstatt bekehrt zu sein, Gott zugewandt zu sein, bemächtigt sich der Mensch dabei Gottes und seiner Offenbarung, und damit lehnt er das Heil ab.

Der Glaube an Christus ist eben die Annahme des Eintretens in diese Geschichte als Gnade sowie die entsprechenden Früchte geschenkt zu erhalten. Paulus betont das übrigens stark, wenn er schreibt: „Alle wurden auf Mose getauft in der Wolke und im Meer ... Alle tranken aus einem geistlichen Felsen, und dieser Felsen war Christus" (1 Kor 10,2–4), wobei er festhält, daß alles, was Israel zu eigen ist, ihm nicht genommen wird (Röm 11,29), doch daß es nunmehr den Heiden angeboten ist (Eph 2,19; 3,6). Es gibt keine Abkürzung; man kann sich diesen Weg nicht ersparen. Sonst beherrscht der Götzendienst weiterhin das Herz des Menschen.

Daraus geht hervor, daß das Alte Testament nicht durch Christus „überholt" ist, wie man oft sagen hört. Ganz im Gegenteil ist es durch das Kommen des Messias den Heiden eröffnet und zugänglich gemacht, was ohne ihn unmöglich gewesen wäre. In Christus, der es erfüllt, haben sie Anteil an der Hoffnung wie am Reichtum des Alten Testaments. Gleichzeitig schenkt ihnen Christus die Erstlingsgaben dieser Hoffnung.

Das Alte Testament ist weder Propädeutik noch literarische Vorbereitung, keine Sammlung von Themen und Symbolen: Es ist ein wirklicher, notwendiger und aktueller Weg. Aktuell nicht wegen anekdotischer Vergleiche, sondern wegen der Gemeinschaft mit Gott und dem Gehorsam ihm gegenüber – geistliche Aktualität des Eintretens in das Geheimnis der Erwählung.

Sollten die Heiden, die in Christus Zugang haben zum Bund, diesen Weg nicht gehen, riskieren sie, nicht wirklich bekehrt zu sein und somit Christus zu verachten, wo sie ihn doch zu ehren glauben. Das ist die ständige Versuchung der heidenchristlichen Völker. Man kann sagen, daß eine der Formen der modernen Krise die Ablehnung der historischen „Wurzel" (vgl. Röm 11,16ff.) ist, die Zurückweisung der Gnade, zu der das Christentum Zugang verschafft. Von da an wird die Gestalt

Christi zu einer mythischen oder rein heidnischen Gestalt der Gottheit reduziert, der die abendländische Vernunft ihren Triumph aufzwingt.

Die Art, wie Christus in seiner historischen Existenz behandelt wird, ist mit der Art vergleichbar, wie das schriftgewordene Wort behandelt wird. Eine der möglichen Ursachen für die gegenwärtige Glaubenskrise im Abendland ist wohl zum Teil, daß der abgelehnte Gott lediglich der als Gott der Christen verkleidete Gott der Heiden ist.

Kommt den Christen des Abendlands eine leichtfertige und zu schnelle Bekehrung teuer zu stehen? Sie müssen durch die in Christus empfangene Gnade, Zugang zur Hoffnung Israels zu haben, tiefer bekehrt werden. Es geht nicht darum, zurückzugehen, sondern vielmehr darum, in Christus den ganzen Reichtum Gottes zu entdecken, den uns die Gnade eröffnet hat.

Man kann – vielleicht auf etwas naive Weise – die Polemik der Propheten gegen die Götzendienerei mit der Krise der Säkularisierung und der „Gott ist tot"-Welle in Verbindung bringen. Das heißt, daß die Christen den Bundesgott in ihrem Geist darauf reduziert haben, bloß ein Götze zu sein, eine Idee, die sich der Mensch selber schmiedet.

Der Preis, der bezahlt werden muß, um zu erkennen, daß Gott allein Gott ist und daß er der Einzige ist, ist der Preis des langen Auszugs, der Entäußerung. Selbst die einfältigste Seele, die reinste, die unbedarfteste im Christentum weiß ganz genau, was es kostet, zu Gott zu beten – welche Entäußerung und häufig welche Selbstenteignung, welchen Kampf gegen die Illusionen, gegen die Angst oder gegen falsche Vorstellungen, welche Bekehrung des Herzens der Zugang zum lebendigen Gott voraussetzt. Wenn man aber im Gegenteil meint, Gott zu greifen, hält man in Wirklichkeit nur einen Götzen in der Hand. Und dann ist es einfach, diesen Götzen auf eine Idee zu reduzieren und ihn für tot zu erklären. Und es stimmt, daß er tot ist, denn er hat nie gelebt!

Die Gabe des Auszugs

Nehmen wir abermals einen großen Abschnitt des Evangeliums nach Matthäus auf, der von der ersten Brotvermehrung (Kapitel 14) bis nach der Verklärung (17,21) reicht.

Jesus stellt sich als die Erfüllung der Hoffnung Israels dar, als der, in dem diese Hoffnung erfüllt ist.

Nachdem er die Vollkommenheit der Heiligkeit angetragen hat – die Erfüllung des Gesetzes Gottes durch die Gabe des neuen Herzens, das es dem Menschen nun ermöglicht, im Bund dankzusagen, den Gott geschenkt hat –, organisiert Jesus den von den Propheten angekündigten neuen Auszug.

Die beiden Brotvermehrungen, von denen die Synoptiker berichten, weisen mit ihrer Zahlensymbolik und ihrem Kontext deutlich darauf hin, daß die erste Brotvermehrung für Israel ist, die zweite für die Völker, für die Heiden.

Die erste Brotvermehrung ist nicht nur die Wiederholung der Prüfung in der Wüste, so wie sie erlebt worden ist, sondern deren vollkommene Erfüllung, wo das Volk, das aufgerufen ist, im Heiligen Geist am Bund teilzuhaben, sein Leben vom Wort Gottes empfängt. Die Bedingung, um zu diesem Bund Zugang zu haben, ist das neue Herz. Das erkennt man an der anschließenden Diskussion mit den Jüngern. Jesus sagt es: „Die Reinheit kommt vom Herzen des Menschen." Die Reinheit – oder im Gegenteil die Sünde – findet sich im Herzen des Menschen. Und Gott verpflanzt diese neue Pflanze, die nicht mehr entwurzelt wird.

Anschließend zieht sich Jesus in heidnisches Land zurück, in die Gegend von Tyrus und Sidon; danach kehrt er an den See zurück, doch er bleibt auf heidnischem Gebiet, bei der Dekapolis. Wieder versammelt sich eine Vielzahl von Lahmen, Blinden, Taubstummen: sie warfen sich vor ihn nieder, und er heilte sie. Die Menge staunte, und als sie die Taubstummen hören und sprechen sah, die Blinden sehen, die Lahmen gehen sah, da pries die Menge „den Gott Israels"(Mt 15,29–31).

Vor dem, der somit die Verheißung erfüllt hat, empfangen die Heiden die Heilung, das Heil, und indem sie den Gott Israels preisen, haben sie Zugang zum Bund. Deswegen wird Jesus für diese Menge das Wunder der Wüste wiederholen: er wird sie mit dem Wort Gottes speisen. Das ist die Frage, die an die Kirche, die in den Jüngern bereits gegenwärtig ist, gestellt wird: Woher genug Nahrung für ein so versammeltes Volk nehmen? Die Antwort legt Jesus selbst nahe. Um es zu sättigen, kann die Nahrung nur aus der einzigen Quelle kommen, derselben wie für Israel. Nur das Wort Gottes kann dieses Volk sättigen, indem es das Volk vor dem Tod bewahrt und es eintreten läßt in die Hoffnung des Lebens. Die Nahrung, die Gott in der Wüste gibt, ist das vorweggenommene Zeichen des Lebens, das er im Himmel schenken wird.

Das ist bereits das Unterpfand der Israel und den Völkern verheißenen Hoffnung. Die Hoffnung Israels wird dadurch zusätzlich verstärkt, daß es sieht, daß selbst die Völker, die von diesen Bewohnern der Dekapolis symbolisiert werden, zum Wort berufen sind, während Jesus zuvor noch sagte, er sei „nur zu den verlorenen Schafen des Hauses Israel gesandt" (Mt 15,24). Diese verlorenen, das heißt zerstreuten Schafe des Hauses Israel, die er versammelt, haben bereits die Freude zu sehen, daß die Heiden an ihrem eigenen Reichtum teilhaben und dieselbe Fülle und Hoffnung empfangen.

Dem evangelischen Bericht folgt wiederum eine Diskussion mit den Pharisäern und den Sadduzäern, dann eine mit den Jüngern. Der ersten Brotvermehrung folgte eine vergleichbare Erklärung. Hier betont Jesus die Hauptsache, die es den Jüngern erlauben wird, in Gottes Plan einzutreten und ihren Beitrag daran zu nehmen: den Glauben. Glaube an die Macht Gottes, der das Leben schenkt, der nährt und sammelt. Er ruft ihnen die doppelte Brotvermehrung in Erinnerung, das doppelte Zeichen für Israel und für die Heiden, indem er ihnen aufzeigt, zu welchem Überfluß der Glaube führen kann.

Das Bekenntnis des Glaubens

Danach kommt die doppelte Episode des Glaubensbekenntnisses des Petrus in Cäsarea Philippi, gefolgt von der Verklärung, die sich an die Ankündigung des Leidens schließt. Doch um den

Sinn dieser doppelten Episode zu verstehen, die auf die Gestalt Christi ausgerichtet ist, dem der Glaube der Kirche gilt, darf man die doppelte Brotvermehrung mit dem vorausgehenden Weg nicht aus den Augen Blick verlieren.

Jesus zieht sich also mit seinen Jüngern zurück. „Für wen halten die Leute den Menschensohn?" (Mt 16,13). Jesus spricht von sich nur in Ausdrücken, die ihm eigen sind und sonst von niemandem aufgenommen werden. Er bezeichnet sich als den „Menschensohn", von dem der Prophet Daniel spricht (Dan 7,13; 8,15–27; 10,16). Ohne diese Bezugnahme auf den Propheten Daniel sind alle diese Ereignisse unverständlich. Der Titel „Menschensohn" wird Jesus für seine eschatologische Mission verliehen: Wir werden den „Menschensohn" sehen, wenn er auf den Wolken des Himmels kommen wird, wenn er kommen wird in seiner Herrlichkeit. In diesem Sinne ist der „Menschensohn" immer noch Gegenstand der Hoffnung Israels wie der Kirche.

Jesus selbst bestärkt die Hoffnung Israels durch eine vorweggenommene Erfüllung. Heute wird sie von Israel und dem Volk des Neuen Bundes geteilt. Diese Hoffnung ist, daß sich eines Tages die Herrlichkeit Gottes offenbaren wird und erscheinen wird „wie ein Menschensohn" (Offb 14,14), der das letzte Festmahl eröffnen wird.

Jesus stellt sich selbst wie im Lied vom Gottesknecht bei Jesaja dar, das Matthäus zitiert: „Seht, das ist mein Knecht, den ich erwählt habe ... er erhebt seine Stimme nicht ... er verkündet den Völkern was kommt" (Jes 42; Mt 12,18). Jesus, der demütige Diener, verborgen und verkannt, beansprucht diesen Titel, doch gleichzeitig spricht er von sich in der dritten Person, indem er sich als der „Menschensohn" bezeichnet. Vom Vater erhält er nicht den Namen „Menschensohn", sondern den Namen „Sohn Gottes". Der Vater nennt ihn meinen Sohn.

„Also, für wen halten die Leute den Menschensohn?" Und Simon Petrus antwortet: „Du bist der Christus, der Sohn des lebendigen Gottes" (Mt 16,16). Indem er ihn als „den Christus", als „den Gesalbten" bezeichnet, spielt Petrus abermals auf das Buch Daniel an (9,26).

Sein Glaubensbekenntnis faßt er noch präziser: „der Sohn des lebendigen Gottes". Jesus sagt Dank für diesen Titel, den ihm der Vater durch die Stimme Petri gibt. Denn Jesus, als Sohn, nennt sich niemals selber so. Immer ist es der Vater, der ihn als seinen Sohn bezeichnet: bei der Taufe, durch den Mund Petri, bei der Verklärung und selbst durch den Mund des Hohenpriesters: „Bist du der Christus, der Sohn des lebendigen Gottes? – Du sagst es" (Mt 26,63f.). Denn Jesus kann diesen Titel nur aus dem Mund des Vaters empfangen; selber kann er sich so nicht nennen. Er empfängt sich als Sohn nur vom Vater, bis hin zu seinem glorreichsten Titel.

Und Jesus sagt: „Selig bist du, Simon, Sohn des Jona! Denn nicht Fleisch und Blut haben dir das offenbart, sondern mein Vater im Himmel."

Simon ist nunmehr lebendiger Stein des geistlichen und neuen Tempels, Grundstein dieser Versammlung, dieser Kirche, die das Bundesvolk ist, das Gott für den Messias versammelt und dazu bestimmt, den Heiden den Reichtum Israels zu eröffnen, bis zum Anbruch der Herrlichkeit. „Du bist Petrus, und auf diesen Felsen – auf dieses Volk – werde ich meine Kirche bauen." Das Wort „Kirche" ist kein neues Wort. Es ist das hebräische Wort, das die Versammlung Israels in der Wüste bezeichnet. Die Pforten des Todes werden keine Macht gegen sie haben, denn das Volk der Heiligen des Allerhöchsten, von dem das Buch Daniel spricht (12,7–8), ist mit dem „Menschensohn" verbunden, ist eins mit ihm. Wie Jesus, wie der Menschensohn, wie der Messias haben die Heiligen des Allerhöchsten den Tod durchquert und empfangen die Verheißungen des Lebens. Sie haben Anteil an der Auferstehung. „Die Pforten des Todes werden sie nicht überwältigen" heißt nicht, daß die Kirche allen menschlichen Wechselfällen entrinnen wird. Hier sieht man, zu was für gotteslästerlichen Interpretationen ein menschliches Verständnis der Kirche führen kann: ein Reich vergleichbar den menschlichen Reichen, dessen Macht die jedes anderen übersteigt. Diese Denkweise, die wir alle mehr oder weniger geteilt haben, ist typisch für eine heidnische Reduzierung der Verheißung Gottes.

Christus sagt, daß die Versammlung der Heiligen – die aus den Söhnen der Heiligen besteht, von denen Daniel spricht – nach Bestehen der Prüfung des Todes in die Auferstehung eingehen wird. „Wenn der am Ende ist, der die Macht des heiligen Volkes zerschlägt, dann wird sich das alles vollenden" (Dan 12,7). Es wird aber nicht gesagt, daß die Kirche blühen wird, oder daß es in den Augen der Welt von Vorteil ist, Christ zu sein. Daß die Pforten des Todes die Kirche nicht überwältigen werden, ist zunächst die Ankündigung, daß die Jünger Jesu Tod und Martyrium ausgesetzt sein werden, daß sie, wie Jesus sagt, zum selben Leiden wie er bestimmt sind. Aber wenn die Jünger Jesu nicht dazu bestimmt sind, nach menschlichem Ermessen zu siegen, werden sie vom Vater die Lebenskraft empfangen, die es ihnen ermöglicht, in der Teilhabe am Leiden Jesu dem Tod entgegenzutreten. Es ist also das genaue Gegenteil eines menschlichen Triumphes. In der Prüfung des Übels, am Höhepunkt der Passion, über die Israel strauchelt, da wird den Jüngern Christi eine göttliche Kraft zuteil, da ist in der Hoffnung bereits die Verheißung des Lebens erfüllt – die Auferstehung.

Die Fortsetzung der Antwort Jesu an Petrus: „Ich werde dir die Schlüssel des Himmelreiches geben. Was du auf Erden binden wirst, soll auch im Himmel gebunden sein, und was du auf Erden lösen wirst, soll auch im Himmel gelöst sein" bezeichnet die Eintrittspforte in das Leben Gottes, das dieser Versammlung, die das Los Christi teilt, angeboten ist. Der Bezug auf Daniel (9–12) ist hier sehr wichtig. Dort ist die Rede vom Volk der Heiligen des Allerhöchsten, die durch Tod und Auferstehung gegangen und untrennbar mit der Gestalt des „Menschensohnes" verbunden sind; das erklärt die enge Verbindung zwischen Jesus und seiner Kirche.

Daraufhin schärft er seinen Jüngern ein, niemandem zu sagen, daß er der Christus ist. Denn dieser Titel ist unverständlich, so lange seine Passion nicht erfüllt ist.

„Von da an begann Jesus, seinen Jüngern zu erklären, er müsse nach Jerusalem gehen und von den Ältesten, den Hohenpriestern und Schriftgelehrten vieles erleiden; er werde getötet werden, aber am dritten Tage auferstehen. Da nahm ihn Petrus beiseite, machte ihm Vorhaltungen und sagte: Das verhüte Gott, Herr! Das soll dir nicht widerfahren! Er aber wandte sich um und sagte zu Petrus: Hinter mich, Satan! Du bist mir ein Ärgernis. Du hast nicht im Sinn, was Gott will, sondern was die Menschen wollen" (Mt 16,21–23). Und an die Jünger gewandt fährt er fort: „Wer mir nachfolgen, hinter mich sein will, der verleugne sich selbst, nehme sein Kreuz auf sich und folge mir. Denn wer sein Leben retten will, wird es verlieren; wer aber sein Leben um meinetwillen verliert, wird es finden. Denn was nützt es dem Menschen, wenn er die ganze Welt gewinnt, aber dabei sein Leben verliert? Oder was kann der Mensch als Entgelt für sein Leben geben? Denn der Menschensohn wird kommen in der Herrlichkeit seines Vaters mit seinen Engeln. Dann wird er jedem vergelten nach seinem Tun. Amen, ich sage euch: Von denen, die hier stehen, werden einige den Tod nicht kosten, bis sie den Menschensohn in sein Reich kommen sehen" (Mt 16,24–28).

Hier erscheinen die Passion und das Ärgernis des Kreuzes.

Durch die Erfahrung des Gebetes und des Glaubens weiß man, daß man nie genug von Gott überzeugt, nie genug von ihm über die Tiefe dieses Geheimnisses belehrt worden ist, und gleichzeitig nie aufhört, davor zu fliehen, wie es die Jünger und die Apostel tun. Niemand kann das letzte Wort über das Geheimnis und das Ärgernis des Kreuzes sagen, so lange es Gott nicht vollendet und zu seinem Ende geführt hat. Es ist nicht nur das Problem, ein Ereignis zu verstehen, dessen Beobachter wir wären, sondern das Geheimnis unseres eigenen Lebens ist in der Passion Christi enthalten. Was man darüber sagt ist also immer diesseits von dem, was wir davon zu leben haben, und von dem, was uns Gott davon entdecken läßt.

Dieses Geheimnis des Leidens ist aber das zentrale Geheimnis der Treue Israels. Denn es ist das Problem des Übels, des Todes, des Leidens des Gerechten und der Güte Gottes, der Treue Gottes, der lebendig macht. Es ist wirklich das unerträgliche Mysterium. Die Psalmen sind davon erfüllt.

Wir müssen uns diesem Geheimnis stellen, wobei wir doch wünschten, Gott möge Recht verschaffen, das heißt das Übel ausreißen. Gott scheint zu schweigen und nicht zu erfüllen, was der Mensch, sein Gerechter, von ihm fordert. Welcher Gerechte kann diese Worte sprechen: „Nichts Böses habe ich getan, ich war deinem Bund treu ...", wenn nicht der Gerechte? Und die Allmacht Gottes zu bitten, daß sie aufbricht, das heißt den endgültigen Tag des Gerichtes anbrechen zu lassen, wo das Böse besiegt und das Gute siegen wird, wo die Güte Gottes stärker und offenbarer sein wird als alle Macht des Todes. Vor diesem Geheimnis von Übel und Tod strauchelt Israel, und Gott muß ihm zu Hilfe kommen in der Gestalt des gehorsamen Israel. Doch Jesus selbst scheint zu straucheln: „Du bist mir ein Ärgernis." Vor den Ausflüchten des Petrus verspürt Jesus denselben Schauer, denselben Kampf wie bei den Versuchungen in der Wüste.

Er überwindet diese Versuchung, indem er die Jünger, die ihm vom Vater gegeben sind, indem er seine Versammlung auffordert, ihn auf seinem Aufstieg nach Jerusalem zu begleiten, teilzunehmen an seinem Tod, teilzunehmen an seiner Prüfung. Das Ärgernis des Todes überwindet er durch seine Jünger, denen er gleichzeitig die Kraft gibt, das Ärgernis zu überwinden, indem er sie mitnimmt auf seinen Weg. Er ruft sie auf, hinter ihm zu gehen, sein Kreuz zu tragen und ihm nachzufolgen.

Die folgende Überlegung: „Was kann der Mensch als Entgelt für sein Leben geben? Nichts", treibt die Gotteswahl zu ihrer absoluten Radikalität, sie wie Israel in der Wüste zu leben. Es ist wieder dieselbe quälende Frage, die sich von Anfang an durch das ganze Evangelium hindurchzieht und die den Gehorsam des Sohnes zusammenfaßt. Die Wahl, sein Leben zu retten oder es zu verlieren, läuft auf die Frage hinaus: Von wem habe ich das Leben empfangen? Der Glaubensakt besteht darin, sein Leben von Gott und nur von ihm zu empfangen. Der Quelle des Lebens im Menschen zum Durchbruch verhelfen und nicht etwa den Menschen töten. Vernehmen Heiden diese Sätze außerhalb der Hoffnung Israels, werden sie zu mörderischen Sätzen, voll von Selbstaufopferung und Perversion – als stützten sie sich auf das Schlimmste in uns, auf den Instinkt des Todes oder den Instinkt der Selbstzerstörung! Das ist für uns eine Versuchung. Wohingegen der Glaubensakt diese selbstzerstörerische Versuchung überwindet, um sich Gott anzuvertrauen, der allein in Fülle das Leben gibt. Man sucht das Leben nicht dort, wo der Tod ist, im Gegenteil empfängt man es dort, wo das Leben ist. Dieser Glaubensakt wird in einer Treue zum Leben, zur Macht Gottes, der fähig ist, in den Tod einzugehen, bis zum Paradox getrieben. Ein Widerspruch, vor dem das Gewissen des Psalmisten wie das der Propheten erschauert. Doch sie hoffen, daß Gott dieses Paradox lösen wird. Wie es bei Jesaja steht: „Der Herr der Heere wird auf seinem heiligen Berg ein Festmahl geben mit den feinsten Speisen" (25,6).

Diese Hoffnung des von Gott geschenkten Lebens ist wirklich im Herzen Israels. Darin sind die Pharisäer der Hoffnung Israels gegenüber treuer als die Sadduzäer, die lediglich das tote Leben eines politischen Körpers der Nation wachgehalten haben. Die Pharisäer halten die Hoffnung eines Volkes wach, das von Gott lebt.

Die Verklärung

„Jesus nahm Petrus, Jakobus und Johannes beiseite und führte sie auf einen hohen Berg" (Mt 17,1). Diese Schau wird lediglich diesen drei Zeugen gewährt und niemandem sonst. Wir sind nicht auf den hohen Berg gestiegen, wir haben nur das Zeugnis und die Bestätigung. Das Evangelium unterstreicht, daß nur Petrus, Jakobus und Johannes in Vorwegnahme den Herrn in seiner Herrlichkeit gesehen haben, die anderen nicht. Auf seine Weise wird Johannes etwas Vergleichbares bezüglich der Schau des Auferstandenen sagen: „Selig, die nicht sehen und doch glauben" (Joh 20,29).

Petrus, Jakobus und Johannes sind für uns Garanten und Zeugen. Vorerst ist uns das nicht gegeben, denn diese Zeit ist nicht die Zeit, in der wir den Menschensohn in seiner Herrlichkeit sehen. Es wäre ein Irrtum zu glauben, das Kommen des Reiches Gottes sei vollendet. Es hat sich uns genähert, es hat bereits begonnen. Doch es ist noch nicht die Zeit, in der Gott alles in allen (1 Kor 15,28) sein wird und in der der Sohn seine Herrschaft dem Vater übergeben wird (1 Kor 15,24). Es ist noch nicht die Zeit, in der die Tränen getrocknet werden (Offb 21,4). Es ist noch nicht die Zeit, in der der Tod vernichtet sein wird (1 Kor 15,26). Er ist bereits in ihm besiegt, auf gewisse Weise auch in uns, und wir sind dafür Zeugen. Doch wir sehen wohl, daß wir ihm noch unterworfen sind. Deswegen können und müssen wir, die wir auf den Tod und die Auferstehung Christi getauft sind, in ihm teilhaben an seinem Leiden.

Einer der Sehfehler, den die geistliche Sehnsucht hervorrufen kann, ist das Projizieren einer billigen Eschatologie auf die Gegenwart der Kirche. Dieser Fehler entstellt die christliche Hoffnung. Sie verwandelt das christliche Leben in einen Mythos oder, umgekehrt, in eine unerträgliche Tyrannei. Man versucht dann, mit menschlichen Mitteln, aus der christlichen Gesellschaft eine Gestalt des Himmelreiches zu machen, wobei sie häufig nur dessen höllische Karikatur ist. Gott hingegen gibt uns die Kraft zu hoffen. Der Verlust der eschatologischen Hoffnung im christlichen Bewußtsein ist gewiß eine der Ursachen für eine beachtliche Verarmung und große Versuchung. Sie besteht im Glauben, es sei „da", und darin, sich mit menschlichen Mitteln geben zu wollen, was nur von Gott abhängt. Diese Zeit ist nur eine dunkle Zeit der Hoffnung und der Treue, nicht die Zeit der Herrlichkeit. Diesen Tag vorwegnehmen zu wollen macht unsere Teilhabe am Kreuz Christi in dieser Zeit unerträglicher und absurd, es macht das Kreuz Christi selbst unnütz.

Von der Verklärung berichten die drei bevorzugten Zeugen die Zusammenkunft Jesu mit Mose und Elija. Und, wie Lukas präzisieren wird (9,31), sie unterhalten sich über den kommenden Auszug Jesu nach Jerusalem. Die Gestalt des Mose ist hier wesentlich, denn sie bezeichnet die Erfüllung. Jenseits des Todes geht Mose in das Gelobte Land ein – sichtbar geht er nicht darin ein –, so wie das Gelobte Land, in das Jesus eingehen wird, jenseits der Prüfung des Kreuzes liegt. Der symbolische Gehalt ist hier äußerst stark. Jesus ist der neue, verheißene Mose, der Prophet aus *Deuteronomium* 18, der kommen wird, alles zu lehren. In dieser Unterredung kündigen Mose und Elija die Erfüllung in Jesus an. Man kann sich unmöglich vorstellen, was sie sagen; das bleibt uns verborgen. Doch schon rein ihre Anwesenheit umschreibt den Gehalt ihrer Worte: Sie sprechen von dem, wozu sie von Gott gesandt wurden, und sie sprechen von dem, was für uns notwendig ist, um in dieses Geheimnis einzugehen.

Den drei Jüngern ist die Stimme des Vaters gegeben, der Jesus als gehorsamen Sohn bezeichnet – es ist dieselbe Schau, die bei der Taufe nur Jesus zuteil wurde –, und der Auftrag: „Auf ihn sollt ihr hören", denn er ist der Prophet und der Sohn (Mt 17,5). Für diese Zeit bleibt „nur Jesus" (Mt 17,8).

Die Passion Christi
deckt die Sünde aller auf

Gehen wir nun zum Ende des Evangeliums zu Kapitel 26, zur Passion nach Matthäus.

Ohne die Gnaden, die Gott in so einem Wort schenken kann, einschränken zu wollen, möchte ich doch mehrere Aspekte hervorheben, die helfen können, das Geheimnis der Kirche zu verstehen, so wie es uns gegeben ist, folglich auch das Geheimnis der Erwählung und die Art, wie Gott alles lenkt.

In diesem Bericht, wie auch in dem der anderen drei Evangelisten, kann man darüber verblüfft sein, daß die Passion Christi die Sünde aller aufdeckt. Diese Tatsache ist wirklich peinlich genau, systematisch unterstrichen, im Bericht der Evangelisten wie in der Weise, wie die Ereignisse sich erfüllt haben und wie Jesus wollte, daß sie sich erfüllen.

Diese universelle Offenbarung der Sünde ist ein wesentlicher Punkt, um den Sinn dieses Geheimnisses zu entdecken, das den Jüngern unverständlich bleibt: daß nämlich „der Menschensohn all das erleiden mußte, um in seine Herrlichkeit zu gelangen" (Lk 24,26), so die Antwort, die der noch unbekannte Reisegefährte den Emmaus-Jüngern gibt. Dieses Unverständnis der Notwendigkeit, daß der „Menschensohn" leiden müsse, um in seine Herrlichkeit einzugehen, ist das zentrale Geheimnis des Messias, dessen Jünger wir sind. Es ist das Geheimnis, das bis zum Ende der Zeiten verhüllt und verborgen bleibt.

Die Passion: unsere Sünde

Die Passion Christi hat die Aufgabe, die Sünde aller zu offenbaren. Zunächst zähle ich die verschiedenen Protagonisten auf.

Da sind die Hohenpriester und die Schriftgelehrten. Da sind die Anführer des Volkes, die ihre Meinung ändern; sie verwerfen Jesus, der selbst als Hoherpriester Israels erscheint.

Da ist das Volk, das inkonsequent handelt und prophetisch spricht, indem es ungewollt den Neuen Bund im Blut des Lammes besiegelt. Die Aussage: „Sein Blut komme über uns und unsere Kinder" (Mt 27,25) – häufig als Selbstbezichtigung verstanden, was absurd ist – ist nämlich ein prophetisches Wort. Es nimmt das Wort auf, mit dem Mose am Fuß des Sinai den Bund zwischen Gott und seinem Volk besiegelt, wobei er es mit dem Blut der Opfertiere besprengt (Ex 24,8). Prophetisch ist dies ein Zeichen der Vergebung und des Segens. Nur glaubenslose Phantasie wird darin Mißbilligung sehen. Das bedeutet, nichts vom Blut des Bundes zu verstehen. Könnte das Blut des Bundes verdammen, wo es doch rettet? Das hieße, nicht an den Erlöser zu glauben. Das ungewollt prophetische Volk – wie Kaiaphas, Johannes zufolge – zieht Jesus-Barabbas vor, Jesus-„Sohn-von-niemand" wird Jesus, dem Christus, dem Messias vorgezogen.

Da sind die Führer, da ist das Volk, da sind die Heiden. Ein jeder verweigert sich, ändert seine Meinung. Rom gibt sich als Vertreter der Gerechtigkeit – Anmaßung einer Gerechtigkeit entsprechend der Vernunft – und als Garant der Ordnung. Nur verwandelt sich die Gerechtigkeit Roms hier in Rechtsverweigerung, in Urteilslosigkeit und Unverantwortlichkeit. Und die Flucht vor der Verantwortung ist gewiß nicht die geringste der Sünden. Doch paradoxerweise sind es die Heiden, die Jesus als König der Juden bezeichnen, was er in Ewigkeit ist, allen Versuchen zum Trotz, ihn zu vereinnahmen oder zu vergessen. Unsere Kruzifixe tragen noch meist den *titulus* des Kreuzes, der, wie Johannes betont (19,19–22), hebräisch, lateinisch und griechisch geschrieben war: „Jesus von Nazareth, König der Juden", was aus Sicht der Heiden nicht den König „Israels" bezeichnet, sondern den König „der Juden", um den am meisten ethnisch geprägten, verachtenswertesten, niedrigsten Aspekt in den Augen der Römer zu unterstreichen. Der, den die Jünger als universalen Herrn erkennen, ist dies nur in dem Maße, in dem seine Jünger, seien sie Juden oder nicht, anerkennen, daß er der König der Juden ist.

Bleibt schließlich noch eine letzte Personengruppe: Es sind die Jünger und Apostel, die Verrat üben, und zwar auf eine vorhergesagte, angekündigte Weise, wie von vornherein eingeschlossen in die Vergebung Gottes, in die Vergebung Christi. Matthäus berichtet: „Da sagte Jesus zu ihnen: Ihr alle werdet in dieser Nacht an mir irre werden. *Alle* werdet ihr in dieser Nacht wegen mir im Glauben straucheln, denn es steht geschrieben: Ich will den Hirten schlagen, dann werden die Schafe der Herde sich zerstreuen (Sach 13,7). Aber nach meiner Auferstehung werde ich euch nach Galiläa vorausgehen. Petrus erwiderte ihm: Und wenn alle an dir irre werden – ich niemals (niemals werde ich straucheln). Jesus entgegnete ihm: Amen, ich sage dir: In dieser Nacht, noch ehe der Hahn kräht, wirst du mich dreimal verleugnen. Da sagte Petrus zu ihm: Und wenn ich mit dir sterben müßte – nie werde ich dich verleugnen" (Mt 26,31–35). Offensichtlich beteuerten das alle Jünger.

Der Evangelist unterstreicht also, daß die Passion Christi die Sünde aller aufdeckt, auch die Sünde derjenigen, die die Kirche sein werden, die Jünger, die Jesus vom Vater gegeben wurden.

Die Passion: unsere Vergebung

Das bedeutet nicht, die Schuld gleichmäßig zu verteilen. Es geht vielmehr um eine göttliche Absicht, die es zu verstehen gilt. Es gibt eine geistliche Notwendigkeit; es gehört zur Natur des Heiles, daß die Sünde aller offenbart werden muß, einschließlich die der Anhänger Jesu. Anders gesagt geschieht dies nicht zufällig, nicht wegen einer unglücklichen Wendung aufgrund einer besonderen Feigheit oder eines vereinzelten Mangels an Mut – es gehört zur Überfülle der Erlösungstat.

Weil Christus der Unschuldige ist, gehorcht er vollständig dem Vater. Durch seine Unschuld und seinen Gehorsam Gott gegenüber enthüllt er den mörderischen Willen im Herzen jedes Menschen. Er enthüllt ihn dadurch, daß er einwilligt, sein Opfer zu sein.

Die Sünde ist eine Art Krieg, ein Prozeß, den der Mensch gegen Gott führt. Die Unschuld und die Gerechtigkeit des Sohnes – fleischgewordenes Wort, menschgewordener Sohn Gottes – bringen diesen mörderischen Willen im Herzen jedes Menschen zutage.

So ist die Sünde durch die Unschuld des einzigen Unschuldigen enthüllt. Weil er unschuldig ist und so die vollständige Gerechtigkeit und die volle Unterwerfung offenbart, erscheint die Sünde im Kontrast als das, was sie ist. Da er einwilligt, diese Wunde zu empfangen, deckt der Unschuldige die Wunde auf, die tief in den Menschenherzen vergraben ist. Der Mensch kann sich in den Wunden Christi sehen, wie er ist; nicht in einem anderen Sünder, sondern im Unschuldigen, den er entstellt. Adam, der Mensch, kann sich in Christus betrachten, denn in den Wunden, die er dem Unschuldigen zufügt, dem Gerechten, dem Heiligen Gottes, sieht er sein eigenes Bildnis. In den Entstellungen, die er ihm beibringt, sieht er, was er im eigenen Herzen hat. Im Spott, mit dem er ihn überschüttet, sieht er seine eigenen gotteslästerlichen Gedanken. In den Schlägen, die er ihm erteilt, sieht er seine eigene Grausamkeit. Im Verrat der Apostel sieht er seine eigene Feigheit. Im verlassenen Jesus sieht er sein eigenes Verlassen Gottes.

Paulus wird sagen: „Er wurde für uns zur Sünde gemacht" (2 Kor 5,21). Er ist der, der die Sünde des Menschen offenbart, indem er einwilligt, sie zu ertragen, denn die Sünde des Menschen richtet sich letztlich immer gegen die Größe und die Güte Gottes, deren Sakrament der Mensch ist. Nur die Heiligkeit des gehorsamen Sohnes deckt die Verweigerung im Herzen jedes Menschen auf. Und wenn er somit ermöglicht, daß die Sünde enthüllt wird, so geschieht das zur allumfassenden Vergebung.

Man kann sagen, daß die Gesamtheit der Menschen bei der Passion vertreten ist. Sie ist in allen ihren Kategorien zugegen, gemäß der Schrift: Juden und Heiden, alle nehmen daran teil. Das sind die großen Kategorien der Schrift, die das Leben der menschlichen Gesellschaft beschreiben. Alle sehen sie ihre eigene Sünde offenbart, damit Gott allen vergibt und allen Barmherzigkeit zuteil wird.

Die Vergebung wird tatsächlich allen zuteil: dem Volk durch das Blut, mit dem es besprengt wird, den Heiden, die Jesus als „einen gerechten Menschen" und „Gottes Sohn" erkennen, den Aposteln durch die Barmherzigkeit, die Christus ihnen gewährt, dem Hohenpriester durch die Verheißung der Schau des „Menschensohnes". Allen wird die Hoffnung auf Vergebung geschenkt, und deswegen wird die Sünde aller aufgedeckt.

Die Passion Christi muß unsere Sünde ermessen, damit wir so die Vergebung Gottes empfangen können. Denn nur in der Passion Christi, ihn allein betrachtend, kann uns die Sünde aufgedeckt werden, nicht in Verzweiflung, nicht in Verdammnis, sondern in der Barmherzigkeit Gottes.

Denn würde uns die Sünde woanders als am Kreuzesort offenbart werden, würde uns keine Barmherzigkeit zuteil. Die Hölle würde sich unser bemächtigen. Der Mensch könnte sie nicht sehen, ohne zu sterben, denn dann würde die Gerechtigkeit Gottes ihn buchstäblich zermalmen. Seine Sünde wäre unerträglich. Denn dann wäre der Mensch selbstmörderisch verbarrikadiert im Tod oder der Verdammung, was auf dasselbe hinausläuft. An diesem Kreuzesort aber wird uns unsere Sünde zugänglich, denn es ist uns geschenkt, sie in der Hingabe des Gerechten zu sehen, für uns – „den Sündern ausgeliefert", wie es Matthäus ausdrückt (Mt 26,45). Das ist die uns geschenkte Barmherzigkeit. Der Sohn wird vom Vater den Sündern ausgeliefert; es ist der Vater, der den Sohn ausliefert und der so seine Liebe offenbart.

Matthäus sagt dies ausdrücklich bei der Gefangennahme Jesu. Petrus und die anderen widersetzen sich und wollen mit Gewalt einschreiten. Da sagt Jesus zu ihm: „Steck dein Schwert wieder in die Scheide. Denn alle, die zum Schwert greifen, kommen durch das Schwert um. Oder meinst du nicht, mein Vater würde mir sogleich mehr als zwölf Legionen Engel bereitstellen, wenn ich ihn darum bitte? Wie würde dann aber die Schrift erfüllt, nach der es so geschehen muß?" (Mt 26,52–54).

Und Matthäus wiederholt: „Das alles aber ist geschehen, damit die Schriften der Propheten in Erfüllung gehen. Da verließen ihn alle Jünger und flohen" (Mt 26,56).

Jesus wird also vom Vater dem mörderischen Willen der Menschen ausgeliefert. Nicht etwa, weil der Vater ein Henker ist, sondern aus Mitleid mit seiner Kreatur, mit Israel und mit der Menschheit. Der Vater liefert den Sohn den Sündern aus, um so die Sünde der Menschen zu offenbaren und ihnen Barmherzigkeit zu erweisen.

Während er uns die Barmherzigkeit anträgt, läßt uns Jesus seine vollkommene Hingabe als gehorsamer Sohn ermessen, da er nicht aufhört, sich dem Vater zu unterwerfen. Im Vertrauen auf den, der Ursprung des Lebens ist, gehorcht er seinem heiligen Willen und seinen Geboten, bis hin zum äußersten Punkt des Todes. So eröffnet er den Weg der Auferstehung; er offenbart die Macht des Gottesreiches, das durch den Gehorsam des Sohnes kommt, durch die vollkommene Erfüllung der Gebote. So bewirkt er die Ankunft des Gottesreiches.

Es ist Jesu Gehorsam, der die Auferstehung hervorruft, denn da er bis in den Tod hinein auf den Vater vertraut, eröffnet ihm sein Gehorsam den Weg des Lebens, das stärker ist als der Tod. So sprengt er die Fesseln des Todes, die mit der Sünde verbunden sind. Und dadurch wird den Jüngern die Vorwegnahme des auferstandenen Lebens in Christus gegeben. Christus ist der, der durch seinen vollkommenen Gehorsam zum Vater in das Leben eingeht, und er „gibt seinen Geist auf"(Joh 19,30), nicht nur im Sinne von „aushauchen", sondern damit er den Menschen gegeben werde. Die Jünger erahnen nunmehr das auferstandene Leben. Sie werden ihrerseits den von Jesus aufgegebenen Geist wie eine Teilhabe an seinem Gehorsam empfangen. So wird ihnen die Möglichkeit geschenkt, in der vollkommenen Überantwortung ihrer selbst an den Vater zu leben – aus Liebe, im Empfangen der Vergebung, im Anblick ihrer zugleich offenbarten und vergebenen Sünde sowie in Teilnahme an der Befreiungs- und Heilstat Jesu.

Dieses Aufgeben des Geistes ist also, in der absoluten Einsamkeit Jesu, die Eröffnung des neuen Weges; die Öffnung des verheißenen Weges zum Leben, den die Jünger in der ungeschuldeten Gabe Christi und des Vaters empfangen werden.

Die Passion: Weg des Lebens

Der Tod Christi deckt die Sünde auf, läßt die Sünde ermessen, ermöglicht die Vergebung und öffnet den Weg des Lebens. Damit es Vergebung gibt, muß die Sünde aufgedeckt werden. Zwischen dem Gesetz und Christus ist eine enge Parallele zu ziehen.

Auch das Gesetz enthüllt die Sünde des Menschen, da es der heilige Wille des Vaters ist. Doch anstatt den Menschen davon zu befreien, läßt es ihn seine Ohnmacht ermessen.

Wenn das Gesetz in der Person des gehorsamen Sohnes so sehr geliebt und befolgt wird, daß er sich selbst mit diesem heiligen Willen, diesem heiligen Gesetz identifiziert und es vollkommen erfüllt, dann ist die Sünde aufgedeckt: „Für uns wurde er zum Fluch und zur Sünde" (Gal 3,13; 2 Kor 5,21).

Am Kreuz könnte man unsere Verurteilung lesen, doch im Gehorsam Jesu wird uns Barmherzigkeit erwiesen. Indem er uns seinen Sohn schenkt, der seinen heiligen Willen in Liebe und Unterwerfung vollkommen erfüllt, befreit uns Gott von der Verurteilung, die wir über uns selbst ausgesprochen hätten, wenn wir in unserer Unfähigkeit zum Gehorsam eingeschlossen geblieben wären und lediglich unsere Flucht, unsere Verweigerung ermessen hätten.

Zweifach läßt er Gnade über uns walten; indem er uns seinen heiligen Willen schenkt und indem er selbst den Abstand überbrückt, den dieser Wille zwischen ihm und uns offenbart – den Abstand der Sünde. Diesen Abgrund durchschreitet der Sohn – den Abgrund des Todes, aus dem er, das Tor des Lebens öffnend, hervorgeht.

Matthäus zeigt auf, wie durch den Gehorsam des Sohnes die Auferstehung bereits gegeben ist. Dieses auferstandene Leben in Christus ist, dem Evangelisten zufolge, in Wirklichkeit Christus gegeben, dem gehorsamen Sohn (die Kirche wird hinzufügen: und auch Maria). Nun aber führt der Evangelist aus: „Da riß der Vorhang im Tempel von oben bis unten entzwei. Die Erde bebte, und die Felsen spalteten sich. Die Gräber öffneten sich, und die Leiber vieler Heiliger, die entschlafen waren, wurden auferweckt. Nach der Auferstehung Jesu verließen sie ihre Gräber, kamen in die Heilige Stadt und erschienen vielen" (Mt 27,51–53).

Es geht also um den Eintritt in die Auferstehung für alle Gerechten des Bundes, die, sagt der Evangelist, im Augenblick des Todes Christi auferstehen.

Das ist ein Abschnitt, den wir häufig beiseite lassen, im Dunkeln oder in Unkenntnis belassen, denn dies erscheint uns befremdlich, unglaublich. Dabei ist das ein ganz wesentlicher

Punkt des christlichen Glaubens, daß die Erstlingsgaben der Auferstehung in der Erfahrung des Geistes gewährt sind, der nach dem Tod Christi gegeben wird.

Die Passion: unsere Berufung

Die Passion Christi ist der zentrale Moment unseres Schicksals, denn wir erkennen in ihr nicht nur unsere Sünde, unsere Vergebung, unser Leben, sondern in gewisser Weise auch unsere Berufung als Jünger, die ihren Anteil an diesem Werk des leidenden Messias nehmen sollen, darin dem Beispiel Marias folgend. Es wäre unerträglich und unannehmbar, das in rein menschlichem Sinn zu verstehen. In dieses messianische Werk können wir nur unter der Bedingung eintreten, daß wir die Erleuchtung und die Kraft dazu als Gnade empfangen. Genau diese Gnade des Lebens wird den Gläubigen geschenkt.

Erkennen, warum Christus leiden mußte, um in seine Herrlichkeit einzugehen, bedeutet, nicht mehr Anstoß zu nehmen am Geheimnis des Übels. Nicht etwa, weil man es endlich verstünde, sondern weil Gott uns die Barmherzigkeit erweist, uns heranzuführen, uns dabei die Hand hält und uns – die wir fliehen möchten – großen Frieden schenkt, indem er uns die Früchte der Freude und der Herrlichkeit zeigt, die unsere Hoffnung sind und deren Garanten wir sind.

Selbst wenn der Jünger Jesu in seinem Glauben stets bei diesem Kernpunkt schwankt, selbst wenn jeder von uns seiner Sünde und Schwäche wegen nur zurückweichen kann, besteht die eigentlich christliche Gnade, die Gnade des Jüngers Christi, nicht nur darin, die Erfüllung dessen zu empfangen, was Israel noch erhofft, sondern auch darin, die Macht zu empfangen, hier an der Seite Christi zu stehen und – als eine Gnade der Vergebung und des Friedens – an seiner Sendung als toter Knecht, den Gott zum Leben erweckt, teilzunehmen. Aus menschlicher Sicht ist diese Gnade unglaublich, unerträglich. Sie ist und bleibt auch für uns „Ärgernis und Torheit" (1 Kor 1,23), wiewohl wir doch täglich in diese Gnade eintauchen, und sei es nur im Sakrament der Eucharistie.

Wir wissen, welcher Friede und welche Freude uns hier gegeben sind. Dies müssen wir bezeugen: die ständig empfangene Vergebung und in ihr das ständig neu geschenkte Leben. Dahin muß uns stets das Gebet führen. Jedesmal läßt es uns unsere Sünde ermessen. Wir können nicht beten, ohne unsere Entfernung von Gott zu ermessen, durch den konkreten Inhalt unseres Gebets, durch das, was man Zerstreuungen nennt oder die enthüllten Feigheiten, was nur normale Folgen des Gebets sind. Barmherzigerweise erlaubt uns Gott, unsere Entfernung zu sehen, wobei er uns die Gnade schenkt, uns bei sich zu halten. Es beliebt ihm, uns die Früchte dieser Erlösungstat, an der er uns teilnehmen läßt, zu geben. Der in die Hände des Vaters gelegte Geist Jesu ist über uns ausgegossen, und er gewährt uns die Fähigkeit, einen Tod als eine Quelle des Lebens zu leben. Wir werden zu dem, was wir empfangen, denn wir empfangen einen gekreuzigten und auferstandenen Christus. Wir werden zu dem, der kommt, um in uns Wohnung zu nehmen. Wir werden zu seinem Leib, wir leben von seinem Geist. Würden wir behaupten, dieses Geheimnis aus eigenen Kräften zu leben, täten wir nichts anderes als die Apostel, die in der Passion des Herrn die Flucht ergriffen ...

Der gekreuzigte Jesus,
Messias Israels: Heil für alle

Verbleiben wir hier im Evangelium, im Angesicht des Gekreuzigten – des Auferstandenen, denn es ist dasselbe Geheimnis. Genau hier werden wir zu Christen. Es gibt kein anderes Tor zum Christsein, es gibt keine andere Art, an Christus Anteil zu haben, denn in dieser Erfüllungstat wird den Christen die Gnade des Heils und der Erwählung Israels angetragen.

Verweilen wir bei diesem Punkt, um erneut über *das Geheimnis Israels* nachzusinnen.

Wir können nicht beanspruchen, an Stelle Israels über Israel nachzusinnen; wir müssen über uns selbst nachsinnen, da wo wir sind. Das bedeutet, sich nicht von einer sonderbaren oder fremdartigen Realität faszinieren zu lassen, von einer Wunderlichkeit der Geschichte, die das Los der Juden wäre. Das so zu betrachten wäre vielleicht, sich in Mitleid zu gefallen. Es hieße aber mit Sicherheit, uns vom Geheimnis auszuschließen, das uns in dem Maße betrifft, in dem wir zu Christus gehören. Denn das Geheimnis Israels ist untrennbar auch das Geheimnis der Christen. Genau das sind wir versucht abzulehnen, das lehnen wir auch regelmäßig ab und deswegen meinen wir auch, das Geheimnis Israels sei dem christlichen Glauben fremd. Daher läuft alles, was Christen über Israel sagen, auch Gefahr, für Israel unerträglich zu sein. Der Zweck unserer Betrachtung ist jedoch nicht, für Juden erträglich oder unerträglich zu sein, sondern daß wir uns selbst in der Wahrheit dessen befinden, was Gott von uns verlangt. Es muß also bewußt werden, daß es sich um ein christliches, ein fundamental christliches Geheimnis handelt. Da unsere Treue hierbei auf dem Spiel steht, berührt dieses Geheimnis vielleicht den empfindlichsten Punkt des christlichen Glaubens.

Es geht nicht um eine Frage, die frei zur Debatte steht. Es geht um das Kerngeheimnis, das den christlichen Glauben bestimmt. Aus Israel lediglich einen besonderen und letztlich ethnischen Fall zu machen – was es in gewisser Weise auch ist –, stellt für den Christen eine Versuchung dar. Man gibt ihr nach, wenn man die jüdische Bevölkerung einfach als eine Bevölkerung unter anderen betrachtet. Es gibt ganze Länder ohne Juden und andere, in denen viele sind; es gibt Länder, die die jüdische Frage durch Ausweisung lösen wollten, andere durch Mord. Daß die jüdische Frage solcherart lokalisiert und relativiert, macht sie nur noch entscheidender für die Welt und für die Juden selbst. Das Geheimnis Israels steht aber im Zentrum des christlichen Glaubens. Wenn man glaubt, darauf verzichten zu können, offenbart man, wie wenig und auf welche Weise man wenig Christ ist.

Dieser Punkt ist weit wichtiger als er scheint. Denn wenn er auch kaum in der Theorie verneint wird, so doch in der Praxis. Das ist die marcionitische Versuchung. Marcion[22] war ein Häretiker aus der Anfangszeit der Kirche, der das Alte Testament aus dem Neuen beseitigen wollte. Das ist eine ständige Versuchung, die von der Kirche stets als Angriff auf ihren eigenen Glauben abgelehnt wurde. Dennoch ist der Marcionismus latent, in allen Generationen verborgen gegenwärtig.

Großen heidnischen Zivilisationen wie Indien bleibt noch heute das jüdisch-christliche Abendland fremd. Eine theologische Strömung behauptet dort zur Zeit: „Das Alte Testament, das sind für uns die Schriften Indiens." Das läuft auf die Aussage hinaus, daß das Alte Testament keine andere Rolle spielt, als kulturelles Substrat in bezug auf das Neue zu sein. Müßte man dann sagen, daß die archaische und naturalistische afrikanische Kultur das Alte Testament Afrikas sei?

Die Frage ist, wie gebildete, aufrichtige, ernsthaft christliche Menschen zu dieser Ablehnung der Verwurzelung gelangen können. Denn es handelt sich um einen Test, bei dem der Glaube auf dem Spiel steht. Das ist Gegenstand eines geistlichen

---

22 Marcion (85–160): gnostischer Häretiker aus Sinope am Schwarzen Meer. 144 in Rom exkommuniziert, gründete er eine Kirche, die sich im Mittelmeerraum und Mesopotamien ausbreitete und bis um 400 einflußreich war. Seine Thesen sind über seine Gegner bekannt. Er reduzierte die Schrift auf das Lk-Evangelium und zehn Paulus-Briefe.

Kampfes, der eine Wahl verlangt, die Gott betrifft, die also die Hingabe des Lebens voraussetzt. Dieser Wahl kann nur mit den üblichen Mitteln einer Entscheidung im Heiligen Geist zugestimmt werden: dem Gebet und der Vereinigung mit dem Gekreuzigten.

Es geht hier nicht darum, Partei zu ergreifen und die Kakophonie in der Welt weiter zu vermehren. Erahnt man jedoch, was auf dem Spiel steht, und man hat sich Gott geweiht, muß man tiefer in seine Lebenshingabe dringen, um diese Prüfung zu überwinden.

Um durch so eine Prüfung zu gehen, die eine wahre Versuchung ist, benötigt die Kirche diese ganze geistliche Kraft. Diese Art von Versuchung kann nicht überwunden werden, „diese Art des Teufels" kann nicht ausgetrieben werden durch disziplinarische Maßnahmen. Überwunden wird sie durch einen Zuwachs an Freiheit, an Liebe, an Selbsthingabe, durch einen Zuwachs also an Gebet.

In diesem Kampf ist das verborgenste, versteckteste, das von allen am wenigsten gekannte Gebet notwendig für den Atem der Kirche, damit sie die Gotteswahl annehme und ihr treu Antwort gebe.

Ein Geheimnis innerhalb des Christentums

Dringen wir tiefer in dieses Geheimnis, das für uns zu erreichen ist, wenn wir uns an den Punkt stellen, zu dem uns das Evangelium führt: vor Christus, den gekreuzigten Messias Israels, der von allen verworfen ist und allen den Weg des Heiles erschließt.

Am Kreuz betrachten wir Christus, den gehorsamen und lebendigen Sohn, den bis zum Augenblick seines Todes gehorsamen Sohn, der aus absoluter und reiner Treue gehorchend all seine Kräfte Gott übergibt und vom Vater die Auferstehung empfängt, die dem gesetzestreuen Israel verheißen ist. Seine Auferstehung ist das logische Ergebnis der Übergabe seines Lebens an Gott, der Quelle des Lebens. Im gehorsamen und auferstandenen Sohn sehen wir also die Erfüllung Israels, was weder dessen Abschaffung noch seine Vernichtung bedeutet. Die Erfüllung Israels muß von Israel selbst empfangen werden. Das ist sein Problem und auch das Geheimnis Gottes.

Unter allen heidnischen Völkern erwählt sich Gott Söhne und Töchter. Im Glauben an Christus, den gehorsamen und auferstandenen Sohn, der Fülle Israels, haben sie nunmehr Anteil an der Erwählung, an der Gnade und der Sendung Israels. Mit dem Christus-Messias und durch ihn empfangen Heiden, die kein Volk waren, die ohne Hoffnung waren und ohne Anruf, die Gott nicht kannten, die Gnade, in die Erwählung Israels einzugehen (Eph 2,12; Röm 2,14).

Das ist die christliche Berufung. Durch den gekreuzigten und lebendigen Messias und in ihm teilzuhaben an der Israel verheißenen Annahme an Kindes statt.

So erscheint auch die Theorie von der Verwerfung Israels als Unsinn, als Absurdität, denn sie behauptet, Gott wäre seinem Bund untreu. Das heißt das Geheimnis Christi nicht zu verstehen. Denn durch sein Leiden, durch seinen Gehorsam gibt der Sohn den Israel verheißenen Geist hin. Er gießt ihn aus. Er erlaubt den Seinen, bereits wirklich – wiewohl in Hoffnung – den Bund im Geist zu leben, in dem das Gesetz eingeschrieben ist in den Herzen der Kinder Gottes. Der Messias verwirklicht zuerst in sich selbst die prophetische Verheißung, die Hoffnung des *Deuteronomiums,* und er verleiht den Seinen, die noch der Sünde und dem Tod ausgesetzt sind, Anteil zu haben an seinem Leben.

Die christliche Taufe ist die Taufe, die Jesus von Johannes empfangen hat. Sie ist die Taufe, durch die die Heiden dem Volk Israel beigesellt werden. Diesem Ritus hat sich Jesus unterworfen, um das Gott gehorsame Israel zu sein. Und diese Taufe lebt er bis zum Ende: „Ich muß mit einer Taufe getauft werden, und ich bin sehr bedrückt, solange sie nicht vollzogen ist", sagt er den Jüngern, als er von seinem nahen Leiden spricht (Lk 12,50). Diese Taufe des Neuen Bundes erfüllt Christus in seinem Tod, als er den Geist ausgießt, der bei seiner Taufe im Jordan auf ihm ruhte. Und wenn die, die zu seiner Familie werden, „seine Brüder und seine Schwestern", dieselbe Taufe empfangen, haben sie durch ihn Anteil an der Hoffnung Israels. Die in Christus getauften Christen haben Anteil am Geheimnis, das in der Taufe Jesu erfüllt ist. Sie haben Anteil an den Verheißungen, den prophetischen Ausdrücken entsprechend, besonders denen Hoseas (1,9; 2,1–3.25), die später im Neuen Testament aufgenommen werden: „Ihr, die ihr nicht mein Volk wart, man wird euch mein Volk nennen" usw. (Offb 21,3; 2 Kor 6,16).

„Man wird euch mein Volk nennen"

Der Ausdruck „Volk Gottes", der seit seiner Aufnahme durch das Zweite Vatikanische Konzil in *Lumen gentium* beliebt ist, wird derzeit regelrecht sprachlich mißbraucht. Schaut man genauer in das Neue Testament, so ist dort nur dreimal die Rede vom Volk Gottes: einmal im *1. Petrusbrief* (2,10) und zweimal im *Hebräerbrief* (4,9 und 11,25). In zwei Fällen ist damit das Volk Israel gemeint. Im dritten Fall, der ersten Stelle im *Hebräerbrief,* bezeichnet dieser Ausdruck das Volk Israel als eschatologisches Volk. Der Kontext ist eine Diskussion über den Sabbat und die Aussage Josuas: „Sie werden nicht eingehen in meine Ruhe."

In den Briefen ist häufig die Rede vom Volk, das Gott sich erworben hat, doch der Ausdruck wird immer in ganz präzisem Sinn gebraucht. Es ist das losgekaufte Volk. Doch wenn man „loskaufen" sagt, handelt es sich um den Loskauf aus Ägypten. Es ist das Volk Israel, dem Gott die Gnade schenkt, neue Söhne und Töchter zu haben. Oder es ist die Ankündigung Jesajas (54,1–3; 55,5) von den Heiden, die dem Volk beigesellt werden: „Ihr wart nicht mein Volk; nun gehört ihr zu ihm, ihr seid das Volk, das Gott sich erworben hat." Hier geht es um keinerlei Austausch, sondern um das Beigesellen zum Volk, das vollständig abhängt von Gott und von ihm sein Auskommen im Gehorsam ihm gegenüber erhält.

Das Wort „Volk" bedeutet politisch heutzutage das Gegenteil. Das souveräne Volk handelt seinem eigenen Willen entsprechend. Darin liegt aber eine der großen Versuchungen des Volkes Israel sowie eine der Formen heidnischen Rückschritts für die Christen. In der Bibel tritt dies klar zutage (vgl. 1 Sam 8,5–22; Ez 20,32). Das Volk will sein eigenes Schicksal in die Hand nehmen, ein Volk sein wie andere, Herr seiner Ausrichtung, seiner

Lenker, seiner Götter, seiner Könige usw., wo doch der ganze Glaubensakt darin besteht, sich genau dessen zu enteignen. Um den Preis eines Risikos, das ihm tödlich erscheint, muß sich das Volk in die Hände Gottes geben, und nur in seine Hände, bis hin zu den kritischsten Zeiten der Königsherrschaft.

Darin besteht die ganze Prüfung des Glaubens. Das Volk ist insoweit als Volk konstituiert, als es zustimmt, sich seiner selbst zu enteignen. Und das reicht bis zum absoluten Paradox, weil das Volk seiner Könige und seines Tempels beraubt sein wird. Bis Christus, der Messias, kommt, ist das Volk bereits in eine Periode fast völliger Enteignung seines Schicksals eingetreten.

Durch den Glauben an Christus, den gehorsamen und auferstandenen Sohn, Erfüllung Israels, kommen Söhne und Töchter aus allen Völkern und haben Zugang zur Erwählung, zur Sendung Israels.

Das Zeichen des Jona

Nun müssen wir alle Konsequenzen dieser Gnade entrollen und also das Antlitz entdecken, das uns in Christus geschenkt ist, denn ausschließlich in und durch Christus, indem wir am Messias und an der Gabe des Geistes Anteil haben, treten wir in den Bund und in die Erwählung ein. Da ist unser Platz; dort wird die Kirche des Auferstandenen geboren.

Durch den Glauben an Christus und die Gabe des Geistes wenden sich die Heiden von ihren Götzen ab. Das zumindest wurde Israel verheißen, aber Israel hat sich niemals davon überzeugen können, da die Hoffnung, die Heiden würden sich von ihren Götzen abwenden, stets auf eine Mauer gestoßen ist. Dennoch bleibt die Hoffnung auf ihre Bekehrung bestehen: „Ägypten und Assur kommen herbei und erkennen Gott" (Jes 27,13). Erinnern wir uns daran, was über Kyrus gesagt wird (Esra 1; Jes 44,28ff.). Am Tage Gottes wird das Heidentum weichen vor dem lebendigen Gott. In den Psalmen lesen wir: „Der Herr ist der Herr der ganzen Erde" (z. B. Ps 83,19; 95,3; 97,9). Das ist nicht der Größenwahn eines Volkes, das seinen Gott zum universellen Gott erhebt. Das ist – im Innern seiner eigenen Existenz und seiner

Treue (denn es mußte von den Götzen befreit werden, die der Mensch sich schmiedet) – die Hoffnung, daß diese Befreiung allen zuteil wird und daß die Heiden den lebendigen und wahren Gott, den Einzigen, den Gott der ganzen Erde, den ewigen Gott erkennen werden.

Zu biblischen Zeiten ist das nicht eingetreten. Es ist also eine der eschatologischen Hoffnungen für das Ende der Zeiten – eine sozusagen aufgeschobene, noch zu erfüllende Hoffnung: Auf die eine oder andere Weise werden die heidnischen Völker heraustreten aus ihrem Heidentum oder Götzendienst, um den lebendigen und wahren Gott zu erkennen. Doch in Christus kehren Heiden bereits – ansatzweise, wenn nicht ganz – ihren Götzen den Rücken, um den lebendigen und wahren Gott zu erkennen, den Gott Israels, den Gott Abrahams, Isaaks und Jakobs, den Einzigen.

Auch das ist ein Zeichen, das Israel gegeben ist. Das ist zum Beispiel die Bedeutung des Zeichens des Jona, so wie Lukas es darstellt: „Diesem Geschlecht wird kein anderes Zeichen gegeben werden als das Zeichen des Jona" (11,29–32). Bei Matthäus ist der Wal Symbol für Tod und Auferstehung (12,38–42). Lukas jedoch betrachtet das Zeichen unter dem Gesichtspunkt der Heiden, die Buße tun und sich zum lebendigen Gott bekehren. Das ist ein Zeichen, daß der Messias kommt oder bereits gekommen ist.

Wir können uns fragen – und hier ist das demütige Bitten vor Gott entscheidend –, ob die Völker, die dazu gebracht wurden, sich von ihren Götzen abzuwenden, das auch wirklich getan haben. Wie weit geht dieser Kampf gegen die Götzen, und wer kann sich des Namens eines Christen rühmen, um den wahren Gott zu nennen? Diese Frage können wir nur mit großem inneren Schmerz stellen, nicht aber in Form einer Anklage. Es geht nicht darum anzuklagen – das führt zu nichts. Es geht darum, auf sich zu nehmen, was man als Sünde erkennt, und – so Gott die Gnade verleiht – zu beten, daß die Sünde vergeben werde, zu beten, daß die Kraft ausreichen möge, auf diese Sünde zu verzichten. Wir sehen jedoch, daß unter dem Schutzmantel der Bundestreue und der Zugehörigkeit zum Bund die Gestalt Christi häufig als Vorwand gedient hat, den Vater und den Einzigen zu vergessen. Eines der Dramen der christlichen Zivilisation ist, daß sie zu einer atheistischen Zivilisation wird und gleichzeitig beansprucht, christlich zu bleiben. So macht sie aus Christus ein Götzenbild, einen Sohn ohne Vater – also auch ohne Geist –, wobei der einzige Geist letztlich der des Menschen ist.

Somit wird die Gestalt Christi zu einem kulturellen Absolutum, in dem ein pervertierter und gotteslästerlicher Messianismus seinen Platz findet. Freuen wir uns nicht über die Jesus-Mode, denn es gibt keinen schlimmeren Götzen als den, der den wahren Gott nachäfft.

Dieser Götzendienst hat im Lauf der Jahrhunderte viele historische Formen gekannt. Es wäre müßig, sie aufzuzählen. Heute jedoch tragen sie präzise Namen: „Atheistisches Christentum" wird als eine mögliche Alternative zur Kirche vorgeschlagen. Das ist wirklich eine der gegenwärtigen Versuchungen. Das Heilmittel ist keine strenge Hierarchie, die Sanktionen und Disziplinarmaßnamen wiedereinführt. Die Versuchung muß von innen exorziert werden. Von den Götzen wendet man sich nicht auf kaiserlichen Befehl ab. Ein Konstantin[23] reichte nicht aus, um die Götzen zu entwurzeln. Um sie zu entwurzeln, bedarf es einer grundlegenden Bekehrung. Das ist ein geistlicher Kampf.

Die Israel verheißene Heiligkeit

Durch den Glauben an Christus und durch die Gabe des Geistes haben die Heiden Zutritt zur Fülle der Israel verheißenen Heiligkeit. Diese Heiligkeit offenbart die Heiligkeit Gottes. In dieser Welt ist sie das Zeichen seiner Freude und der Hoffnung auf eine neue Welt. Das ist der ganze Sinn des Bundes in seinen Vorschriften und Geboten: „Seid heilig, weil ich heilig bin" (Lev 20,26; 1 Petr 1,16), „seid vollkommen, wie euer Vater im

---

23 Konstantin der Große, römischer Kaiser von 306–337. Mit dem Edikt von Mailand (313) garantierte er den Christen die Freiheit, was der Anerkennung des Christentums als Staatsreligion gleichkam.

Himmel vollkommen ist" (Mt 5,48). In der Gabe des Geistes, der uns im Neuen Bund geschenkt ist, offenbart sich der Vater wie ein Licht in unseren Werken. Und die heidnischen Völker werden die Herrlichkeit Gottes in seiner Macht erkennen, die in uns wirkt, in seiner Heiligkeit, die auf uns wirkt.

Das ist die Berufung Israels, an der die Heiden in Christus Anteil empfangen haben. Durch Christus, der den Geist gibt und diese Heiligkeit ermöglicht, haben sie ein Anrecht auf die Israel verheißene Heiligkeit.

Wenn die zuvor angeführte Versuchung der Götzen die Versuchung der Baale und Kanaans ist,[24] so kann man sagen, daß nun eine andere heidnische Versuchung aufkommt: die Versuchung Sodoms (vgl. Gen 14,21–24; Ez 16,48f.), die Versuchung, die empfangene Offenbarung zu verfälschen. Auch hier müssen wir unser Gewissen erforschen, bezüglich der Art, wie die heidnischen Völker, die das Christentum als historisches und kulturelles Erbe empfangen haben, diesen Eintritt in den Bund tatsächlich gelebt haben. Inwieweit können wir heute den Namen von Christen beanspruchen, wenn wir wie Heiden leben? Anstatt daß die Heiligkeit und die Reinheit Gottes in uns aufleuchten, sind wir oft schlimmer wie die Heiden. Unter der Maske des „Todes", der „Macht", der „Gotteslästerung" zeigen wir häufig das Gesicht Satans, des Versuchers.

Es wäre ein Irrtum, den Zustand einer Zivilisation dafür verantwortlich zu machen. Man kann ein „christliches Reich" nicht durch den Einsatz einer Sittenpolizei schaffen, denn es handelt sich um ein geistliches Problem. Die wahre Natur des Kampfes um die Heiligkeit hängt ab von der Gnade und von der Treue zum Heiligen Geist. In dieser Zeit der Geschichte, in der wir leben, bevor das Reich der Herrlichkeit kommt, stehen wir noch in diesem Kampf, in dem Hingabe, Vergebung, Wunder der Gnade und Kraft des Geistes verflochten sind.

---

24 Baal ist der Fruchtbarkeitsgott Kanaans. Berühmt ist das Duell des Propheten Elija mit den 450 Baalspropheten auf dem Berg Karmel (1 Kön 18,19–40). „Baal" bezeichnet schließlich jede heidnische Gottheit. Die Propheten bekämpfen ständig ihren Götzendienst (vgl. Hos 2,15.19; Jer 7,9; 9,13).

Heiden und Juden, die die vom Messias gespendete Gabe des Geistes empfangen haben, müßten das bezeugen. Sie müßten wünschen, sich gegenseitig zu überbieten in Heiligkeit und Liebe, in der Weihe an Gott und der Reinheit des Lebens. „Eure Gerechtigkeit muß weit größer sein als die der Schriftgelehrten und der Pharisäer" (Mt 5,20). So steht es deutlich im Evangelium. Folgert man daraus: die Pharisäer und die Schriftgelehrten sind Scheinheilige, wir aber im Gegensatz zu ihnen besser, so hieße das, rein gar nichts vom Evangelium zu verstehen. Unsere Heiligkeit muß die bereits sehr anspruchsvolle der Schriftgelehrten und der Pharisäer übertreffen. Und diese Heiligkeit muß vollständig aus der Kraft des Geistes gegeben sein.

Im 18. Jahrhundert, am Wendepunkt zur Moderne, hat die Treue zu Gott im Herzen des Judentums in Mittel- und Osteuropa eine außerordentliche mystische Bewegung entstehen lassen: den Chassidismus.[25] In dieser Zeit des Leidens geht er im Nachsinnen über die Erwartung des Messias so weit, wie in der rabbinischen Kultur nur irgend denkbar. Welche Gestalt der Heiligkeit konnte man im selben Jahrhundert unter den heidenchristlichen Völkern erkennen, wo der Atheismus gerade aus der Moderne entstand? Die Völker, die Nationen, die Epochen, die Generationen haben eine Verantwortung im Glauben. Denn der Glaube gestaltet ein Volk, schafft eine soziale Existenz, die in Heiligkeit und Liebe gelebt wird.

In unserer historischen Zeit haben wir Israel nicht zu ermahnen, sondern – indem wir Gott in uns walten lassen – wir haben Israel ein vernehmbares Zeichen von der Gnade zu geben, die ihm so zuteil wird. Tatsächlich wird hier ein doppeltes, gegenseitiges Zeichen gegeben: Die Heiden müssen in Jesus die Israel geschenkte Gnade erkennen, weil sie daran Anteil haben, und Israel muß die Hoffnung empfangen, die in den Wundern angezeigt wird, die Gott bei den Heiden wirkt. So empfängt der

---

25 Der Chassidismus ging aus einer religiösen Erneuerungsbewegung hervor und verbreitete sich nach seiner Gründung um 1735 durch Baal Schem Tov in ganz Osteuropa. Die Chassidim verfolgen das Ideal der *hasidut* („Heiligkeit").

eine vom anderen das Zeugnis der ungeschuldeten Gnade, die ihm zuteil wird. Dieses gegenseitige Erkennen, diese ungeschuldete Gegenseitigkeit, das ist der Gegenstand unserer Hoffnung. Doch dafür müssen die Heiden ihre Berufung zum Zeugnis erfüllen, daß sie Anteil haben an der Gabe Gottes.

Wenn die Heiden das Geheimnis verkehren, indem sie Israel im Namen eines in Heidentum entarteten Glaubens umbringen, so ist der Messias unkenntlich. Wie könnte Israel seinen Messias in der Gestalt erkennen, die ihm vorgestellt wird? Darin kann Israel lediglich die Sünde erkennen, oder den Tod, oder das Grauen, den Teufel und Satan.

Das gegenseitige Erkennen ist jedoch ausführlich in der Schrift angekündigt, besonders bei Paulus (Röm 11). Es findet sich aber auch in einigen Gleichnissen bei Lukas, zum Beispiel in dem der beiden Söhne (Lk 15,11–32): der ältere (Israel) und der jüngere (der Sohn, der zu den Heiden gegangen ist, der weit weg vom Haus des Vaters lebt, der mit den Schweinen ißt). Gewöhnlich wird das Gleichnis das vom verlorenen Sohn genannt.

Der jüngere Sohn, der zurückkehrt, müßte für den älteren ein Zeichen sein. Dafür muß der jüngere aber sagen: „Vater, ich habe gesündigt." Dann empfängt er eine Überfülle an Gnade, und diese Gnade muß für den älteren Sohn ein Zeichen der Überfülle an Gnade sein, die ihm, auch ihm geschenkt ist: „Du bist immer bei mir." Hierin besteht die Logik der Überfülle, die Gott in der Heilsgeschichte ins Werk setzt, auf einfache, klare, naive Weise aufgezeigt.

Alle Schätze Israels
zugänglich durch Christus

Fahren wir fort in dem, was ich eine Litanei nenne: ich zähle die Schätze auf, die Gott uns durch das Kreuz seines Gesalbten zugänglich macht. Diese Schätze sind unerschöpflich: hat man einmal angefangen, den Bestand aufzunehmen, kommt man an kein Ende.

Diese Reichtümer sind die, die Israel bereits empfangen hat. In Christus sind sie sowohl den Juden als auch den Heiden angeboten, wie eine Gnade, auf radikal neue Weise.

Es ist normal, daß der Jünger Christi diese Reichtümer mit neuem Blick entdeckt: er erkennt in ihnen eine Erfüllung und eine Neuheit, die ihm unzugänglich geblieben wären, hätte er nicht geglaubt, daß Jesus der Messias ist.

Gewiß, dieses Verständnis in Christus stimmt nicht mit der Art überein, wie der Jude, der Christus nicht erkennt, seinen eigenen Reichtum wahrnimmt. Deswegen ist sein Selbstverständnis aber weder hinfällig noch ohne Sinn. Dieser radikale Unterschied im Verständnis hängt eben mit dem Geheimnis Christi zusammen. Um den Preis seines Blutes eröffnet Christus den Heiden den Zugang zu den Schätzen Israels, und er schenkt Israel ein neues Licht auf das eigene Mysterium. Der Jude, der zum Geheimnis Christi hinzutritt, empfängt dieses Licht. Auf diesen Punkt kommen wir noch zurück, wie auch auf die Konsequenzen, die er bezüglich der gegenseitigen Annahme und in Hinblick auf die gegenwärtige Haltung der Kirche nach sich ziehen kann. Für den Heiden aber, der Zugang hat zu den Schätzen Israels, ist das zunächst eine Entdeckung, eine Danksagung also für die Güte Gottes, der eine unverdiente Gabe schenkt.

Die Heilsgeschichte

Durch den Glauben an Christus, den gehorsamen und auferstandenen Sohn, der die Erfüllung Israels ist, haben Heiden aus allen Völkern nunmehr Zugang zur Geschichte Israels. Sie, die ohne Vergangenheit waren, ohne Geschichte, ohne Bundesschluß, empfangen nun die Offenbarung der Geschichte, wie Gott sie seinem Volk offenbart; sie empfangen die Heilsgeschichte (vgl. Röm und Eph). Selbstverständlich darf hier das Wort „Geschichte" nicht im geschichtskritischen Sinn verstanden werden, sondern als grundlegende Handlung Gottes, der dem menschlichen Leben seine Bedeutung verleiht.

Da wo keine Erwählung ist, ist auch keine Geschichte. Ohne weiteres können wir das in unserem persönlichen Leben feststellen. Unser Leben verliert sich in Bedeutungslosigkeit, im Nichts, in der Nostalgie der Zeit, die vergeht, oder der Freuden, die verfliegen; es hat keinen Sinn, so lange wir es nicht in der Liebe Gottes empfangen, der uns heraushebt und Anteil an der Erwählung gibt. Dann ermessen wir, mit welcher Liebe wir geliebt werden und wie Gott uns ruft, uns erwählt. Dann wird uns unsere Vergangenheit als Segen wiedergegeben. Was als Unglück, als Verlust erschien, kann plötzlich als Quelle der Freude und der Danksagung empfangen werden. Selbst die Vergehen können durch die Vergebung verwandelt werden, die sie überdeckt; etwas ganz anderes sind sie geworden, und nicht etwa, weil unser Gedächtnis sie verklärt. Denn anders tragen wir diese Vergangenheit, kraft der Barmherzigkeit, die uns mit Gott und mit uns selbst versöhnt.

So geschieht es, als der auferstandene Herr die Jünger einlädt, seine Wunden zu berühren (Lk 24,39f.; Joh 20,27). Er läßt sie einen entscheidenden Schritt im Glauben machen. Denn das ist keine Identitätskontrolle zwischen ihm und ihnen. Die Wunden sind die Erinnerung an ihren Verrat; vor diesen Wunden sind die Jünger geflohen. Daher ist ihr Gedächtnis verletzt. Wir kennen das: Eine unerträgliche Vergangenheit verdrängt die eigenen Vergehen ins Vergessen. Ebenso können auch die Jünger auf dem Weg nach Emmaus nicht verstehen, woran sie sich erinnern. Christus selbst muß sie erleuchten, indem er ihnen darlegt, was sie im Dunkeln gesehen haben. Dann gibt er ihnen in der Vergebung ihrer Preisgabe das Gedächtnis seines Lebens und das Gedächtnis ihres eigenen Lebens wieder. Er macht ihnen die Passion zugänglich, vor der sie geflohen sind. In diesem

Gedächtnis, das ihnen wiedergegeben wird, empfangen sie ihr eigenes verklärtes Leben.

In derselben Hoffnung auf Erbarmen kann Israel, dem die Erwählung zuteil wird, der gesamten Menschheitsgeschichte gedenken. Auch die Heiden haben nunmehr Zugang zu diesem Gedächtnis des Heiles der Vielen. Daher gedenkt die Kirche, wenn sie in der Osternacht das Pascha des Messias feiert, der gesamten Menschheitsgeschichte, indem sie mit dem Schöpfungsbericht (Gen 1,1–2,4) als erster liturgischer Lesung beginnt.

Indem wir in Christus teilhaben am Gedächtnis Israels, tragen wir in dieser Danksagung auch das Gedächtnis der Menschheit. In Christus haben die Heiden Zugang zur Heilsgeschichte. Diese Geschichte wird zu ihrer. Abraham wird ihr Vater: „Aus diesen Steinen da hat Gott Abraham Kinder erweckt" (Mt 3,9). Indem er aufersteht und das auferstandene Leben gibt, erfüllt Christus dieses Wort. Und die, die keine Söhne waren, sind Söhne geworden.

Das Gesetz Gottes

Auch auf das Gesetz haben sie ein Anrecht, wie auf ein heiliges Gesetz, das eingeschrieben ist in ihre Herzen. Indem sie durch den Messias, mit ihm und in ihm handeln, gehorchen sie dem Gesetz; er war ihm gehorsam bis zum Tod am Kreuz. Die Disziplin der Kirche hat sie von der Befolgung der Regeln Israels entbunden (vgl. Apg 15,19–29), denn diese Last, die zu schwer ist für sie, ist das Privileg Israels. Sie müssen auch nicht die irdische Geschichte der Hebräer auf sich nehmen, denn sie sind auf geistliche Weise Söhne Abrahams durch Christus, nicht durch fleischliche Abstammung. Dennoch haben sie in Christus Zugang zur Fülle des Gesetzes. In Christus empfangen sie den Geist, der es ihnen ermöglicht, das Gesetz tatsächlich zu erfüllen. Sie können also in die vollständige Heiligkeit eintreten, in die vollständige Erfüllung der Gebote, auch wenn ihnen die Observanz der Juden nicht auferlegt ist. Daß Juden diese Unterscheidung ablehnen, ist durchaus verständlich. Sie aber in einer christlichen Interpretation abzulehnen, das wäre eine Verheidung. Das Geheimnis Christi ist nämlich die den Heiden geschenkte Gnade, das Gesetz

– die Liebe Gottes, den heiligen Willen Gottes – vollkommen zu beobachten und darin in die Vollkommenheit Christi und die Freiheit des Geistes einzutreten.

Die christliche Interpretation führt so überhaupt nicht zur Verachtung des Gesetzes, sondern ganz im Gegenteil muß ihr eine unendlich größere Liebe zu diesem heiligen Willen folgen, der in Christus vollkommen erfüllt ist.

Das inspirierte Wort

Die Heiden haben ebenfalls ein Anrecht auf das Wort Gottes, auf die Schrift. Sie haben Anrecht auf das inspirierte Wort, auf die Bibel. Dabei sehen die Christen das Neue Testament als Heilige Schrift an, was es auch ist, doch nicht in gleicher Weise wie das, was wir das Alte Testament nennen; es gehört zum lebendigen Zeugnis der Kirche über das Geheimnis Christi.

Das Konzilsdokument über die Offenbarung *(Dei Verbum)* hebt das Gleichgewicht der Schrift in der Tradition hervor, besonders in bezug auf das Neue Testament. Das, was sozusagen das Neue Testament ausmacht, das ist das Geheimnis Christi; dieses wird zunächst im Leben der Kirche empfangen, im lebendigen Leib, der der Leib Christi ist, in der sakramentalen Feier der Kirche. Ihre Schriften sind Teil des lebendigen und aktuellen Gedächtnisses der Kirche, die als Leib konstituiert ist. Dieser Leib ist daher fähig, die gesamte Bibel christlich zu lesen. Man zieht nicht die alten Texte heran, damit sie sagen, was man will, sondern man liest sie in Christus mit dem Heiligen Geist. Diese Lesung aus der Warte des Messias ist einer der geistlichen Schätze der alten Zeit, der heutzutage zuweilen verkannt wird.[26]

---

26 Henri de Lubac hat den vierfachen Schriftsinn in *Exégèse médiévale* (1959–1964) ausführlich dargelegt. Die gekürzte Ausgabe *L'Ecriture dans la Tradition* (1966, dt.: *Die Heilige Schrift in der Tradition der Kirche,* 1998) kann sehr hilfreich für die lectio divina sein, da sie die zuweilen allzu trockenen Aspekte einer rationalistischen Exegese ausgleicht, der gegenüber die rabbinischen Exegesen geradezu prunkvoll erscheinen. Das einzige, was diesen gleichkommt, sind die patristischen Exegesen.

Es gibt also eine christliche Lektüre der Bibel. Das Neue Testament führt uns in das Geheimnis Christi. In ihm empfangen wir, mit der Kraft des Heiligen Geistes, die ganze vergangene Geschichte, in ihm wird sie zu der unseren. Damit wird das Alte Testament keineswegs geschmälert: Es bleibt der Ort, an dem sich das Geheimnis Gottes offenbart hat, das wir in Christus lesen.

Man kann das Alte und das Neue Testament nicht auf dieselbe Weise lesen. Sie dienen nicht auf dieselbe Weise der christlichen Nahrung. Deswegen hat die Kirche übrigens immer sehr bestimmt am Platz des Alten Testaments in der Liturgie festgehalten, denn groß war und ist noch die Versuchung, ihn zu reduzieren oder ganz aus der Liturgie zu eliminieren. Deswegen kommt auch die liturgische Verkündigung des Evangeliums dem Priester oder dem Diakon zu.

Das Gebet Israels

Meiner Litanei weiter folgend füge ich hinzu, daß die Heiden durch den Glauben an Christus Zugang zum Gebet Israels haben, also auch zu seiner Sendung, Gott zu verherrlichen.

Der Kult Israels war zuerst der Tempelkult. Als die Zerstörung des Tempels ihn unmöglich machte, haben die Rabbis, die Weisen, besonders die Pharisäer, ganz Israel diesen Kult durch private oder kollektive Psalmengebete ersetzt, die genau den Gebeten und Opfern entsprachen, die im Tempel dargebracht wurden. Es ist die Struktur der Verrichtung des jüdischen Gebets, dem das monastische Offizium in der Aufteilung der Stunden entspricht. Zu diesem Gebetsauftrag Israels einschließlich der Psalmen haben die Heiden Zugang durch den Glauben an Christus. Sie haben nicht einfach Zugang zu den Gebeten einer heidnischen Tradition – zum Beispiel der *Bhagavadgita*[27] –, sie

---

27 Wörtlich „Lied des Herrn". Für die hinduistische Philosophie grundlegendes Gedicht in Sanskrit. Der Gott Krischna legt die Prinzipien des Handelns dar. Die *Bhagavadgita* kann nur in Zusammenhang mit dem weitläufigen *Mahabharata-Epos* verstanden werden.

haben Zugang zum Gebetsauftrag; auch sie sind dem Gebet geweiht. Die christliche Weise, wie die Kirche diesen Auftrag erfüllt, ist, mit Christus zu beten. Der Christ, der die Psalmen rezitiert, spricht sie für sich selbst wie auch im Namen der Kirche. Wenn er „ich" sagt, spricht die Kirche; mit seinem Mund betet auch Christus.

Die Gegenwärtigkeit des Gebetes Christi im Psalmengebet der Kirche zu empfangen ist eine der Gnaden des Kreuzes, die den Heiden mit dem Gebet Israels vereint.

Ebenso haben die Heiden durch die Liturgie der Kirche Zugang zu den Festen Israels. Das ist nicht bloß eine historische Anleihe, die zum Beispiel das Osterfest zu seinem chronologischen Ursprung in Bezug setzen würde. Die christlichen Feste sind die Feste Israels, die von Jesus dem Christus gefeiert werden und in Christus von seinen Jüngern gefeiert werden. Wenn man das vergißt, versteht man sie nicht mehr. Wie könnte man die Eucharistie und die Osterfeier verstehen, wenn man nicht sieht, daß es das von Christus gefeierte Pascha ist? Das ist kein Abgleiten. Das ist keine Verwertung, die sich heidnische Feste aneignet, um sie in fromme Prozessionen zu verwandeln, die das Volk erziehen soll, wie das überall getan wurde. Die christlichen Feste sind auf grundlegende Weise die Feste Israels, die in Christus und durch Christus gelebt werden. Genau da liegt der tatsächliche Ursprung der Zelebration; historisch sind die Dinge so verlaufen. Das beschreibt die eigentliche Natur der Liturgie.

Dieser jüdische Ursprung der Eucharistie trifft für alle grundlegenden christlichen Feste zu. Wie Ostern verstehen, wenn nicht in der Erkenntnis, daß es sich um das Pascha Israels handelt, das von Christus gefeiert wird? Ebenso das Pfingstfest: es ist das Pfingsten Israels, gefeiert mit der Versammlung Jesu.

Man sollte jedoch nicht um jeden Preis Ähnlichkeiten oder Zusammenhänge suchen wollen, sei es nur wegen des Abstandes von zwei Jahrtausenden und beachtlicher kultureller Unterschiede. Ein Gespür für das Wesentliche erlaubt es jedoch zu verstehen, daß es nur einen einzigen Kult gibt. Die Christen werden viel weiter gehen. Sie werden sagen, was aus ihrer Sicht völlig legitim ist, daß sie den Kult im geistigen Tempel fortführen, den sie selber bilden. Das sagt Paulus. Petrus übernimmt es: „Der wahre Tempel, der neue Tempel ist der geistige Tempel, aufgebaut aus euch lebendigen Steinen" (1 Petr 2,4f.). Das ist keine Plünderung des alten Tempelkultes, sondern seine Verklärung im Heiligen Geist. Zur Not könnte man sagen, daß die Kirche Christi gewisse Elemente des Kultes Israels, die wegen der Zerstörung des Tempels materiell unmöglich geworden sind, auf symbolische, mystische Weise bewahrt, namentlich die Opferriten, die das priesterliche Opfer des Pascha Jesu in der Eucharistie gegenwärtig setzt.

Das darf nicht in der Perspektive der Theorie von der Substitution oder der Verwerfung verstanden werden. Im Gegenteil muß man darin den Reichtum erkennen, zu dem die Heiden in Christus Zugang haben, was an eine prophetische Handlung Jesu erinnert. Indem er den Vorhof der Heiden im Tempel reinigt, verkündet er, daß selbst der Vorhof der Heiden rein ist und auch dort die Reinheitsgesetze eingehalten werden müssen; auch dieser Ort ist also heilig. Selbst der Vorhof, auf dem sich die aus dem Tempel vertriebenen Händler befanden (Mt 21,12), ist dem Gesetz der Heiligkeit unterworfen. Also haben auch die Heiden Zutritt zu dieser Heiligkeit. Folglich haben die Heiden im christlichen Kult Zugang zum Kult Israels.

Das Land

Demselben Gedanken folgend und in einer Weise, die Israel nichts wegnimmt, kann man schließlich sagen, daß die Hoffnung mit der Erde verbunden ist. „Selig die Sanftmütigen, denn sie werden das Land erben" (Mt 5,4). Dieses Land ist das Land Israel. Die Jünger Jesu haben Anrecht auf das Land, zumindest in Form der Hoffnung auf das Himmelreich, auf dieses eschatologische Land, wo einst alle Menschen versammelt sein werden. Die Hoffnung auf dieses Land löst aber nicht die an Abraham ergangene Verheißung auf.

Übrigens erklärt sich die Seligpreisung: „Selig, die reinen Herzens sind, denn sie werden Gott schauen" (Mt 5,8), im Rahmen des Tempels, denn es handelt sich um die Reinheit des Herzens, die alle rechtlichen Reinheiten übertrifft. „Sie werden Gott schauen", denn Gott schaut man im Heiligtum – also haben sie Zugang zum Tempel. „Selig, die reinen Herzens sind, sie werden Gott schauen": das Herz derer, die Gott läutert, wird wie das Allerheiligste im Tempel, wo Jesaja[28] die Herrlichkeit Gottes schauen konnte.

Die Herrschaft

In Christus haben die von Gott berufenen Heiden Zugang zur Geschichte, zur Torah und zur Bibel, zum Gebet Israels, zu den Festen Israels, zum Land. Sie haben Zugang zur Hoffnung des Reiches. Mit Israel lernen sie, daß sie zu keiner „Herrschaft" dieser Welt gehören. Israel weiß das aus historischer Erfahrung, denn das ist einer der Aspekte des Verhaltens Gottes seinem Volk gegenüber. Gott läßt es erfahren, daß es in seiner Berufung als gottgeweihtes Volk für ihn bestimmt ist. In dieser Welt muß es seinem Willen entsprechen. Gott lehrt es, daß kein Reich dieser Welt eine solche Berufung erfüllen kann. Die davidische Herrschaft hat enttäuscht, und in der messianischen Hoffnung erwartet Israel den von Gott gesandten König-Messias. Er wird Sohn Davids sein, ein König der Gerechtigkeit, der Heiligkeit. Und Israel weiß darum. Israel ist das einzige Volk, das in seiner Geschichte ganz konkret – über den allgemeinen Widerstand hinaus – dem Römischen Reich auf Leben und Tod widersprochen hat. Zwar hatte man sich arrangiert, doch nur bis zu einem gewissen Punkt. So schien es den Römern notwendig, Israel zu vernichten – daher die zwei Jüdischen Kriege.[29] In Anbetracht

---

28 Jes 6,1–5. Das Allerheiligste befand sich hinten im Tempel und war von der Haupthalle durch eine Tür getrennt (1 Kön 6,31), die im zweiten Tempel durch einen Vorhang ersetzt wurde (Mt 27,51). Der Hohepriester betrat es nur zum Jom Kippur, dem Versöhnungsfest (vgl. Lev 16 u. 23).

29 66–70 erhoben sich die Juden gegen Rom, das diesen Aufstand niederwarf. Höhepunkt des Feldzugs war die Zerstörung Jerusalems im Jahre 70. Der zweite Krieg warf den Bar-Kochba-Aufstand im Jahre 132 nieder.

des geringen militärischen Gewichts, den das Reich in den Provinzen hatte, wäre ansonsten das ganze Reich gefährdet gewesen. Daher das statuierte Exempel – der grausame und unerbittliche Charakter der beiden Feldzüge.

Aber die Heiden, die zum Mysterium Christi Zugang haben, sind von der Faszination Cäsars, von der Faszination Babels entzaubert (vgl. Gen 11,1–9). In der faszinierenden Form eines vergöttlichten Staates gibt sich der Mensch ein Bild der eigenen Macht. Allerdings ist der aus der christlichen Erfahrung Europas hervorgegangene Staat die Bedingung für politische Freiheit, doch kann er auch zum Götzen werden. Das ist sogar eine der ärgsten Vergötzungen überhaupt, der größte Gottesersatz, den sich die Menschen geben konnten – ein Tyrann, denn er ernährt sich nur von Opfern.

Israel ist sich dessen bewußt. Daher wird Israel auch immer von den Tyrannen verfolgt. Das gegenwärtige Problem ist, daß Israel ebenfalls ein Staat wie jeder andere ist und folglich die schmerzliche Erfahrung der Souveränität macht.

Doch das Volk Israel, das Volk Gottes, weiß sehr wohl, daß jeder Staat in seiner Souveränität die geläufigste und stärkste Götzengestalt der Antithese Gottes darstellen kann. Nicht umsonst ist die Gegenüberstellung von Gott und Kaiser, die sich im Evangelium findet, derart heftig. Was „Gebt dem Kaiser, was dem Kaiser gehört, und Gott, was Gott gehört" (Mt 22,15–22) bedeutet, ist klar. Es bedeutet keineswegs Teilung der Macht. „Dem Kaiser geben, was des Kaisers ist" bedeutet, daß die Münze ihm gehört – sie trägt seinen Stempel als Zeichen des Eigentums. Doch Jesus sagt den Pharisäern, „Gott zu geben, was Gottes ist", das heißt Gott das Volk zu geben, das ihm gehört: das ganze Volk muß Gott zurückgegeben werden.

Was haben die Heiden, die Christen geworden sind, aus diesem Wort gemacht? Kann es noch christliche Reiche geben? Wie kann es noch Hoffnungen auf das Kommen des „Reiches" in diese Welt geben, wo doch Jesus sagt: „Mein Reich ist nicht von dieser Welt" (Joh 18,36)? Diese Offenbarung ist eine der Weisen der Befreiung von den Götzen und vom Götzendienst. Anstatt Verzweiflung oder Traurigkeit hervorzurufen, ist sie Grund einer größeren Freiheit, einer größeren Kraft. Hier liegt die Quelle der Würde des Menschen, den als Sohn Gottes nichts in dieser Welt beherrschen kann, es sei denn Gott selbst.

Die Erlösung

In Christus haben die Heiden schließlich Anteil an der Sendung Israels, Knecht und Erlöser. Die vier Lieder des Gottesknechts bei Jesaja (42,1–9; 49,1–9; 50,4–9; 52,13–53,12) beschreiben eine Person und gleichzeitig Israel. Das hat man die „korporative Persönlichkeit" genannt: die Ambivalenz, das Hin und Her zwischen einem einzelnen und dem Volk. Wenn die Kommentare, seien sie christlich oder jüdisch, behaupten, besagter Knecht sei Israel – das Volk –, so stimmt das. Doch er ist auch jemand, eine Person, ein Knecht. Beide schließen sich nicht aus. Es ist dasselbe Band, das zwischen Jesus und den Jüngern besteht, zwischen dem „Menschensohn" und dem Volk der Heiligen des Allerhöchsten. Anstatt sich zu widersprechen, sind das zwei Bedeutungen, die einander einschließen und bedingen.

Die Heiden haben Anteil an der Berufung des Knechtes Israel in Christus, der diese Berufung zum Knecht vollkommen, auf bis dahin unvorstellbare Weise erfüllt. Sie haben das Recht, oder vielmehr die Gnade, die Verlassenheit und die Treue des Gottesknechtes Jesus zu teilen, des Sohnes Gottes und Israels. Sie haben das Recht und die Gnade, in das Werk der Erlösung von der Sünde, in das Werk der Befreiung einzutreten. In der Gestalt des Messias gibt auch das unerklärliche Leiden der Erwählten sein Geheimnis preis. Christus selbst ist die Chiffre, der Schlüssel, der es erlaubt, dieses unerklärliche und unerträgliche Leiden Israels als einen Segen zu empfangen.

Dies erklärt Jesus den Emmaus-Jüngern, wenn er ihnen sagt: „Wie schwer fällt es euch, alles zu glauben, was die Propheten gesagt haben. Mußte nicht der Messias all das erleiden, um so in seine Herrlichkeit einzugehen?" (Lk 24,25 f.). Ein für Israel unverständliches Geheimnis, selbst wenn es ihm gesagt wird. Ein Geheimnis, das nur in der Gnade des Messias verstanden werden kann. Nur als Gabe von oben kann das empfangen werden. Das ist keine Frage intellektueller Kostenverteilung, kein

Verständnisproblem, das zu vertiefen und zu diskutieren wäre. Sein Verständnis ist eine Gnade, die Gnade Christi. Und damit findet man den Schlüssel zum Leidens Israels, der für Israel selbst unklar bleibt, obwohl er den Sinn des Leidens darstellt und ausdrückt.

Die Heiden haben die Gnade, in dieses Werk der Befreiung einzutreten. Sie teilen die Sendung des Messias. Sie sind die Brüder und Schwestern (Mt 12,46–50). Sie sind die Kleinen, an die sich die Seligpreisungen richten und durch die – im Geheimen der Herzen und der Geschichte – die Welt gerichtet und gerettet wird. Durch sie ist das Übel nicht nur Quelle der Gotteslästerung, Grauen für den vernünftigen Menschen, Angriff gegen Gott, sondern durch sie wird das Übel durch die Vergebung in eine Quelle des Segens verwandelt, in ein Unterpfand der Erlösung. Das Übel kann aber diesen paradoxen Aspekt nur in dem Maß annehmen, in dem die Jünger die Einsicht in die Schrift empfangen und sich frohen Mutes mit dem leidenden Messias identifizieren, der sie zum Herzen Gottes und zum gesamten Reichtum Israels führt.

Diese Aufzählung könnten wir weiterführen, wenn wir an all die Gnadenschätze denken, zu denen wir „in Christus" Zugang haben (Röm 3,21ff.). Er ist die Eintrittspforte, nicht nur in der Erfüllung der Israel geschenkten Gabe, denn auch den Heiden öffnet er dieselben Reichtümer. „Zuerst den Juden, aber ebenso den Griechen" (Röm 1,16). Dies ist das verborgene Geheimnis Christi.

Die Reue

Diese Litanei muß uns zu einer Gewissenserforschung führen, wenn nicht zu einer persönlichen, so doch zu einer historischen, wegen des Verhaltens der heidnischen Völker, die zum Christentum gelangten und die Gnade des Messias empfingen. „Christ" bedeutet nämlich: „der die Gnade des Messias empfangen hat". Das sagten in Antiochien jene, die als erste die Jünger Jesu „Christen" nannten. Wollte man das Wort wieder aktualisieren, so könnte man „messianisch" sagen, denn „Christ" –

christos –, das ist der „Gesalbte", der „Messias". Der Sprachge-
brauch hat daraus einen Eigennamen gemacht, doch es ist der
Name für eine Aufgabe. Der Eigenname ist „Jesus", Jesus der
Messias.

Wenn wir so in diese Gnade und in diese Berufung eintreten,
müßten wir erkennen, wie diese Gnade historisch geradezu umgekehrt wurde. Alles an dieser Litanei müßte für jedes der heidnischen Völker Anlaß sein, die Gabe Gottes an Israel anzuerkennen und Gott dafür zu danken, unverdienterweise daran
teilzuhaben. Das ist die Haltung desjenigen, dem Gnade wider-
fährt, die des verlorenen Sohnes, der sagt: „ich bin nicht mehr
würdig, dein Sohn zu sein" (Lk 15,19). Aber der Vater hört nicht
auf ihn. Das ist das Zeichen absoluter Ungeschuldetheit.

Nun können wir aber feststellen, daß jedem der genannten
Punkte so etwas wie eine dunkle Umkehrung entspricht, eine
teuflische Perversion, wobei die Verfolgung Israels – der Juden,
um klar zu sein – wie zu einem verkehrten Zeichen wird, zur
blasphemischen Verneinung der empfangenen Gnade. Das ist
eine ausgesprochen schmerzliche Geschichte. Sie ruft nach Reue.

Nehmen wir einen häufigen Fall, dessen Mechanismen bekannt sind und sich psychologisch erklären lassen: die An-
schuldigungen des Ritualmords, die einen Teil des Mittelalters
und der Neuzeit mit Blut besudelt haben. Diese Anschuldigun-
gen kamen zu einem Zeitpunkt auf, als sich ein mörderischer
Wille in den christlichen Völkern ausbreitete. Juden zu beschul-
digen, sie würden Kinder töten, um das Passahfest feiern zu
können, war das Vorspiel zu den Judenmorden. Es ist der Mechanismus der Anklage zur Rechtfertigung der Ablehnung. Anstatt als eine Gabe anzunehmen, was Gott von den Schätzen Israels schenkt, besteht die Perversion darin, die Juden durch das
Absprechen jeglicher Würde zu verwerfen, um sie anschließend
in der Verfolgung erledigen zu können. Das ist eine Projektion
zur Zerstörung.

Das läßt sich auch von den imperialen Zeichen sagen, zum
Beispiel wenn das Mittelalter und die Neuzeit die Juden be-
schuldigten, die Erde besitzen und die Macht über die Welt er-
langen zu wollen, während das Ritual der Könige Judas zur
gleichen Zeit merkwürdigerweise für die Weihe der Könige und

Kaiser hergenommen wurde.[30] Die Geschichte ist voll von solchen Paradoxen. Selbstverständlich ist das nicht immer und überall der Fall. Die Versuchung ist jedoch beständig: das den Juden zugedachte Los ist die Probe darauf, wie die zu Christen gewordenen Heiden Christus wirklich annehmen. Das ist wirklich der absolute Test. Das betrifft nicht bloß das Verhältnis von Nächsten- und Gottesliebe. Der Jude ist das Zeichen schlechthin der Erwählung, und also Zeichen Christi. Seine Erwählung nicht anzuerkennen, das heißt die Erwählung Christi nicht anzuerkennen. Und das heißt unfähig zu sein, die eigene Erwählung anzuerkennen. Die Logik ist zwingend.

Ein weiteres Beispiel: Der ganze *Römerbrief* kreist um die Ungeschuldetheit. In der Gegenüberstellung zwischen Israel und den Völkern wird jedoch die Ungeschuldetheit häufig unterschlagen. So hat man den *Römerbrief* von seiner inneren Logik abgelöst. Der letzte Teil, ab Kapitel 9, erscheint dann wie ein überflüssiger Zusatz. Von der Universalität der Sünde am Anfang wird nicht mehr verstanden, daß sie die Heiden genauso wie die Juden umgreift, somit dient sie nicht mehr zum Aufweis der doppelten Ungeschuldetheit der Gabe, der Rechtfertigung.

Das führt zu den Interpretationen des Mittelalters, der Reformation und der Gegenreformation, die das Problem der Ungeschuldetheit der Gnade und die Debatte um die Werke außerhalb der historischen Problematik angehen, in der das offenbart wurde zwischen Juden und Heiden, seien sie Christen oder nicht. Man diskutiert über das Gesetz, über die Werke, über die Gnade, ohne auch nur einmal die Begriffe „Jude" oder „Heide" zu gebrauchen. Ganze Abhandlungen über die Gnade können die einschlägigen Stellen aus dem *Römerbrief* anführen, die Geschichte dabei aber völlig unterschlagen, was den Sinn der Epistel pervertiert. So macht man sie unverständlich.

Denn für den sündigen Heiden ist es eine Gnade, in Christus Zugang zu haben zu den Schätzen Israels. Und dem Juden, der

---

30 Vgl. François Dupuigrenet Desroussilles, *Dieu en son Royaume. La Bible dans la France d'autrefois*, 1991 (zum Thron Frankreichs als Thron Davids, dem König als neuem Mose, der Abstammung des französischen Volkes usw.).

sich ebenfalls als Sünder vor dem Gesetz bekennen muß, zeigt das Hinzukommen des Heiden die Ungeschuldetheit und die Fruchtbarkeit der Gabe auf, die er empfangen hat. Es ist also eine doppelt geoffenbarte Ungeschuldetheit, gegenseitig geoffenbart im Glauben an Christus. Christus, der das Gesetz erfüllt und damit aus Gnade den Reichtum des Himmelreichs für alle, Juden und Heiden, öffnet. Das ist das Thema des *Römerbriefs*. Das ist das Geheimnis des Vorhabens Gottes.

Bleibt, daß viele Heiden und viele Juden Christus nicht erkannt haben. Um die „katholische" Kirche zu sein, müssen aber die Jünger Jesu sowohl unter den Juden als auch unter den Heiden sein. Darin ist die Kirche katholisch, „der Gesamtheit nach", und nicht etwa einer Besonderheit nach. Die Erwählung einer Besonderheit nach gilt nur für Israel. Die katholische Einheit ist die Versammlung der Gesamtheit von Juden und Heiden nach.

So muß die Kirche Christi die Ungeschuldetheit der Gaben Gottes in gegenseitiger und gemeinsamer Danksagung offenbaren. In Barmherzigkeit ist sie aufgerufen, in dieser Welt Unterpfand und Keim der Hoffnung auf das „Reich" zu sein, das sie bereits empfängt, das bereits erfüllt ist im Messias Israels, aber noch nicht in voller Klarheit erstrahlt, weder für die Juden, noch für die Völker.

Wo stehen wir also, die wir Jünger Jesu sind, die Hoffnung Israels teilen und seine Erfüllung verkündigen? Es ist das christliche Geheimnis, uns zu ermöglichen, aus den Schriften und der Israel und den Heiden geschenkten Gnade die ursprüngliche Tiefe des Geheimnisses Gottes herauszulesen. Das kann selbst denen entgehen, denen es zugedacht ist. Wir müssen das als Gnade empfangen, als Quelle der Demut, niemals wie ein Privileg, dessen wir uns rühmen könnten, und noch weniger als eine Entschuldigung für unsere mörderischen Sünden.

Das ist die Berufung der Kirche Jesu.

Gewissenserforschung der Völker im Angesicht Israels

Um diese Tage des Gebetes abzuschließen, teilen wir mit Paulus die Danksagung, die er im *Epheserbrief* (1,3–23) zum Ausdruck bringt. Was er *das Geheimnis* nennt, daß nämlich die Erwählung Israels den Heiden eröffnet ist, ist für ihn Gegenstand eines großen Segens.

„Gepriesen sei Gott, der Vater unseres Herrn Jesus Christus: Er hat uns mit allem Segen seines Geistes gesegnet durch unsere Gemeinschaft mit Christus (im Messias) im Himmel. Denn in ihm hat er uns erwählt vor der Erschaffung der Welt, damit wir heilig und untadelig leben vor Gott; er hat uns aus Liebe im voraus dazu bestimmt, seine Söhne zu werden durch Jesus Christus und nach seinem gnädigen Willen zu ihm zu gelangen, zum Lob seiner herrlichen Gnade. Er hat sie uns geschenkt in seinem geliebten Sohn; durch sein Blut haben wir die Erlösung, die Vergebung der Sünden, nach dem Reichtum seiner Gnade. Durch sie hat er uns mit aller Weisheit und Einsicht reich beschenkt und hat uns das Geheimnis seines Willens kundgetan, wie er es gnädig im voraus bestimmt hat: Er hat beschlossen, die Fülle der Zeiten heraufzuführen, in Christus alles zu vereinen (im Messias alles zusammenzufassen), was im Himmel und auf Erden ist. Durch ihn sind wir (die Juden) auch als Erben vorherbestimmt und eingesetzt nach dem Plan dessen, der alles so verwirklicht, wie er es in seinem Willen beschließt; wir sind zum Lob seiner Herrlichkeit bestimmt, die wir schon früher auf Christus gehofft haben. Durch ihn habt auch ihr (die Heiden) das Wort der Wahrheit gehört, das Evangelium von eurer Rettung; durch ihn habt ihr das Siegel des verheißenen Heiligen Geistes empfangen, als ihr den Glauben annahmt. Der Geist ist der erste Anteil des Erbes, das wir erhalten sollen, der Erlösung, durch die wir Gottes Eigentum werden, zum Lob seiner Herrlichkeit. Darum höre ich nicht auf, für euch zu danken, wenn ich in meinen Gebeten an euch denke; denn ich habe von eurem Glauben an Jesus, den Herrn, und von eurer Liebe zu allen

Heiligen (die Kirche von Jerusalem) gehört. Der Gott Jesu Christi, unseres Herrn, der Vater der Herrlichkeit, gebe euch den Geist der Weisheit und Offenbarung, damit ihr ihn erkennt. Er erleuchte die Augen eures Herzens, damit ihr versteht, zu welcher Hoffnung ihr durch ihn berufen seid, welchen Reichtum die Herrlichkeit seines Erbes den Heiligen schenkt und wie überragend groß seine Macht sich an uns, den Gläubigen, erweist durch das Wirken seiner Kraft und Stärke. Er hat sie an Christus erwiesen, den er von den Toten auferweckt und im Himmel auf den Platz zu seiner Rechten erhoben hat, hoch über alle Fürsten und Gewalten, Mächte und Herrschaften und über jeden Namen, der nicht nur in dieser Welt, sondern auch in der zukünftigen genannt wird. Alles hat er ihm zu Füßen gelegt und ihn, der als Haupt alles überragt, über die Kirche gesetzt. Sie ist sein Leib und wird von ihm erfüllt, der das All ganz und gar beherrscht."

Der christliche Antisemitismus

Kommen wir zur Frage der Haltung der Christen Israel gegenüber. Bisher habe ich sie nur innerhalb des christlichen Glaubens gestellt, nicht in bezug auf einen jüdischen Gesprächspartner, sondern im Nachsinnen über die Gnade, die die Kirche von Gott empfangen hat, im Versuch, unsere Sünden oder unsere Treue Gott gegenüber zu erkennen.

Bisher sprach ich vom Geheimnis Israels als einer für das Christentum grundlegenden Angelegenheit. Jetzt möchte ich so davon sprechen, als wäre ein jüdischer, nicht-christlicher Gesprächspartner unter uns.

Zunächst müssen wir geistlich die Gabe Gottes an Israel anerkennen, da dies Teil unseres Glaubens ist. Man kann nicht Christ sein, Jünger Christi, ohne diese Gabe anzuerkennen, die Gott Israel unwiderruflich geschenkt hat. Sonst kann man unmöglich beanspruchen, an der Gabe Israels teilzuhaben. Die Gabe Gottes anzuerkennen bedeutet auch, wie Paulus dankzusagen für Israel und dankzusagen für die Heilsgeschichte in der Welt.

Zudem müssen wir heute akzeptieren, daß Israel es selbst ist, daß die Juden sie selbst sind und daß sie sich ihrem eigenen Selbstverständnis entsprechend definieren. Man soll hier nichts idealisieren. Sie sind, wie die Christen auch, ein Volk von Sündern, das sich zu bekehren, der Gnade treu zu sein hat, die ihm geschenkt wurde. In einigen wenigen Kreisen in der Kirche werden heute die Schätze der talmudischen Tradition entdeckt.[31] Vergessen wir aber nicht, daß sich das Judentum nicht etwa auf den Rabbinismus beschränkt. In der jüdischen Welt gibt es innere Krisen, die durchaus denen der westlichen Rationalität gleichzustellen sind. Akzeptieren wir – das gehört zum Glaubensakt –, daß der Nächste das ist, was er ist, was Gott erlaubt hat, daß er sei, und das in seiner zuweilen befremdlichen Andersartigkeit, einschließlich seiner Schwächen, seiner Grenzen und seiner Sünden.

Der christliche Antisemitismus erscheint letztlich nicht als eine rassistische Besonderheit unter anderen, sondern in Wahrheit als eine Sünde – eine Sünde, deren Ungeheuerlichkeit bezeichnend ist für die tiefgreifende Untreue gegenüber der Gnade Christi. Das, was die Christen an Israel ablehnen, bezeugt, was sie an Christus verwerfen, ohne es als Verweigerung zu bekennen. Für das christliche Gewissen ist das, was man die „jüdische Frage"[32] nennt, nicht das Problem einer rassischen, ethnischen oder kulturellen Minderheit. In jedem Volk entstehen fremdenfeindliche Reflexe, sobald eine fremde Bevölkerung darin wohnt. Diese Reflexe findet man in jedem beliebigen Volk, in jeder Kultur, jedem Stamm, ob archaisch oder sehr fortgeschritten. Wenn sich dieser Mechanismus allerdings der Christen den Juden gegenüber bemächtigt, so berührt er sofort den Glauben der Christen. Die Juden sind das, was sie sind, nur in-

---

31 Der *Talmud* ist das Studium der Torah und besteht aus der *Mischna*, der Zusammenfassung des mündlich überlieferten Gesetzes (zusammengestellt zwischen 30 v. Chr. und 220 n. Chr.), und der *Gemara* (Talmud im engen Wortsinn, vollendet im 6. Jh.), die Erklärung und Kommentar der Mischna ist.

32 Der Ausdruck stammt von Karl Marx. Verbreitet hat ihn Jean-Paul Sartre, *Réflexions sur la question juive*, 1954.

sofern sie zuerst die Zeugen der Erwählung sind. Ihre Verwerfung seitens der Christen ist, ob sie das wollen oder nicht, eine mißbräuchliche oder gotteslästerliche Aneignung der Erwählung. Konkret bedeutet es die Ablehnung der Gabe Gottes, der Wege Gottes. Die Kenner der Geschichte können darüber nachdenken, welche Formen diese Verwerfungen im Laufe der verschiedenen Epochen im Leben der Kirche angenommen haben. Es handelt sich häufig um Sünden, die eine Zivilisation, ein Volk brandmarken.

Aber Gott hat seiner Kirche immer geistliche Menschen oder Heilige erweckt, vom Geist geführte Menschen, um den Leib Christi, der die Kirche ist, zu läutern. Vielleicht ist es eine Gnade unserer Zeit, daß – nach zweitausend Jahren einer niemals geheilten Zerrissenheit im Leib Christi – heute dieses Bewußtsein aufkommt, da die Kirche Zugang zu ihren Sünden findet. Ich sehe eine gewisse geistliche Logik darin, daß der Antijudaismus in dem Moment klar als ein inneres Problem des Christentums erscheint, da die Ökumene der Kirche als Sendung, als Gnade aufgetragen wird. Beides ist einander nicht fremd, denn es geht um eine Gewissenserforschung darüber, wie treu oder untreu die abendländischen Völker der Gnade gegenüber gewesen sind, die ihnen seit bald zweitausend Jahren gewährt wird. Angesichts der Enteignung, die derzeit stattfindet, stellt das Abendland fest, daß es weder das Monopol noch das Privileg des Christentums hat und nicht das Reich Gottes ist, selbst wenn es das zuweilen hat glauben können. Es wird gewahr, daß das Christentum von niemandem besessen wird, es sei denn von Gott, und daß es nur denen gegeben wird, die Gott beruft.

Der christliche Antisemitismus ist durchaus lebendig. Dieser Haß offenbart etwas vom Leiden Christi, vom Schauspiel seiner Erniedrigungen. Das so verkehrte Bild Christi wird unerträglich. Christus ist unkenntlich, wenn die, die seinen Namen tragen, ein falsches Bild von ihm abgeben, wenn er von denen entstellt wird, die sich auf ihn berufen. Wenn Christus für uns „zur Sünde" gemacht wurde (2 Kor 5,21), wurde er durch diese Sünde, die Sünde seiner Jünger entstellt.

Man muß sich bewußt sein, daß die Streitsache ungeheuer ist, was immer auch ihre Gründe sein mögen und welcher Anteil daran jeder Epoche zuzumessen sei. Bis zum dritten Jahrhundert gab es einen inneren Konflikt, eine Polemik, den das Neue Testament bezeugt. Die Christen haben sich gewiß gegen die Synagoge zur Wehr gesetzt. Sicherlich bestand eine gegenseitige Feindschaft. Die Historiker können das besser sagen als ich. Danach allerdings, nach siebzehn Jahrhunderten, sind die zurückgebliebenen Spuren unerträglich. Es bedarf wirklich der Barmherzigkeit Gottes, damit das Antlitz Christi in seiner Wahrheit erscheint, denn das Antlitz Christi ist das der Christen.

Die Heilsökonomie

Bleibt das Problem der Annahme oder der Ablehnung Christi von seiten Israels und seiner Verantwortlichen: es soll nicht geleugnet werden. Bei Matthäus steht dieses Drama im Mittelpunkt, bis hin zu absolut furchtbaren Aussagen, wie zum Beispiel die apokalyptische Rede im Tempel: „Denn seht, euer Haus wird euch verödet überlassen"(23,38). Das ist das Gericht, das in der Gestalt des Messias über jeden Menschen ergeht, einschließlich über Israel. Es steht in der Schrift und ist Teil des christlichen Glaubens.

Es ist aber für Christen sehr schwer, das geistlich zu verstehen. Man kann nicht vergessen, was aus diesen Worten gemacht wurde: In mörderische Worte hat man sie verwandelt. Mit diesen Worten haben Christen Christus gelästert. Dieses Unverständnis müssen wir uns in Erinnerung rufen. Den Geheimnissen der Schrift darf man nicht untreu werden, noch darf man sie verneinen, selbst wenn man sie nur schwer erträgt, weil man sie nicht versteht. Man darf sie nicht in ein blasphemisches Urteil über andere verwandeln. Denn Gott trägt uns das Urteil über andere nicht auf.

Ist unsere Lesart des Neuen Testaments wirklich christlich? Allzu häufig legen unsere Kommentare Zeugnis gegen uns ab, gegen die christliche Treue. Die gesamte Heilsökonomie wird dabei durcheinandergeworfen. Das ist keine einzelne Ungerechtigkeit - die ganze Treue zur Gabe Gottes wird verdunkelt. Blind für die Gabe Gottes zieht diese Verdunkelung eine immer größere Untreue nach sich. Es liegt in der gewöhnlichsten und bekanntesten Logik der Sünde, Verstocktheit hervorzurufen, das heißt die eigene Realität zu verkennen. Der Sünder weiß nicht, daß er Sünder ist, und er weiß nicht, daß er sich ihr alleine nicht entziehen kann. Er kann es nur da, wo Gott Gnade walten läßt und diesen teuflischen Vorgang umkehrt. Die Verstocktheit steht im Mittelpunkt des Evangeliums wie im Mittelpunkt der Schrift. Die Verstocktheit ist die Selbstverblendung des Sünders; sein Elend ist um so größer, als er es nicht ermißt und es gar nicht mehr erkennt. Wo stehen wir also vor dem Geheimnis Israels?

Viele Worte in der Schrift haben wir bei weitem noch nicht erforscht, wieder erforscht und wieder verwendet. Da sieht man wieder, wie geistlich schwerwiegende und kostspielige Vorurteile Dinge verdunkelt und verdeckt haben, die doch klar ausgedrückt sind. Ihre neuerliche Überprüfung erfordert immense Arbeit und vielleicht auch riskante Hypothesen. Was aber geistlich auf dem Spiel steht, ist von größter Wichtigkeit für den Glauben der Kirche: Sie wird aufs Neue die eigentliche Gnade und das Selbstverständnis entdecken, das sie für sich empfangen und von sich geben kann und muß.

Gewiß, von jüdischer Seite gab es nicht gerade viel positive Kenntnisnahme des christlichen Faktums. Häufig bestand die einzige Kenntnisnahme in der Anschuldigung der Gotteslästerung und der Verfolgung. Das muß als Mangel bedauert werden; man muß sich fragen, ob das nur an bösem Willen oder Ablehnung liegt.

Die Annahme des jüdischen Faktums als Segen durch die Christen könnte in Israel eine Anerkennung des christlichen Faktums durch die Juden hervorrufen. Die Zukunft wird es zeigen und Gott weiß es. Doch kann man diesbezüglich nichts erhoffen, so lange die Schuld von Jahrhunderten der Verfolgung nicht überwunden ist.

Die Berufung der Kirche

Das jüdische Volk bleibt was es ist, mit den Verheißungen und den Anforderungen seiner Treue, seines Überlebens, seiner Existenz. Die Heiden verbleiben in der Welt wie Völker, die noch nicht vom Evangelium berührt worden sind, wie die nicht-evangelisierten Gebiete auf den Landkarten der Missionare zu Beginn des Jahrhunderts. Die Ausbreitung des Christentums ist aber nicht mit der französischen Flagge zu vergleichen, die in der Sahara aufgepflanzt wird. Das Kreuz wird nicht in einem Gebiet aufgepflanzt – es wird in die zerknirschten Herzen eingeschrieben. Es setzt eine Bekehrung voraus, und Bekehrung ist niemals etwas bereits Erlangtes, Vollendetes, im Gegensatz zu dem, was sich die Reiche dieser Welt vorstellen. Das Heidentum bleibt eine ständige Versuchung für jeden Menschen, so lange er nicht eingegangen ist in Gott. Das gilt für die einzelnen wie für Völker und Zivilisationen. Jedes Volk, schon allein durch die Tatsache, sündig zu sein, wird zum Götzendiener und hört irgendwie auf, christlich zu sein. Der Getaufte ist es ein für allemal durch die Gnade Christi, die Sünde jedoch, die Verleugnung der Gnade ist, bleibt gegenwärtig. Unsere Untreue widersetzt sich der Treue Gottes. Nur dank der Großzügigkeit Gottes können wir Christen bleiben und ihm für seine Treue danksagen. Unsere Identität als Christen ist eine reine Gabe der Treue Gottes, aber niemals ein Haben, das der Mensch sich aneignen könnte.

Was ist dann die Berufung der Kirche in dieser Welt, in der Israel – angesichts Christi und des eigenen Schicksals – seinem Weg in unerfüllter Hoffnung folgt, und in der die Heiden sind, die nicht wissen, ob sie eine Befreiung erwarten oder nicht? Vielleicht ist die Erwartung nicht in ihnen, auf jeden Fall aber ist sie in Gott: Gott erwartet, daß die Heiden befreit werden. Die Heiden haben nicht unbedingt Lust auf Erlösung und Auferstehung. Können wir im Herzen der Heiden ein Verlangen nach dem wahren Gott voraussetzen? Das ist nicht immer der Fall.

Wie dem auch sei: Die Kirche, die ihrer Berufung treu ist, wird dem Blick Israels immer eine erkenntliche Gestalt des Messias darbieten. Wie kann Israel in der Kirche Züge des eigenen Messias erkennen? Um welchen Preis? Welche Liebe zum einzigen und wahren Gott müßte es bei den Christen geben? Welches Maß an Vergebung? Welchen Sinn für den Segen und die Treue Gottes? Welchen Sinn für die Erlösung? Wie kann Israel, angezogen von Gott, in der Kirche das Antlitz des eigenen Messias erkennen? Wie kann Israel die Heiden als Gnadengabe Gottes erkennen, als Zuwachs, der Israel von Gott zuteil wird? Das Mindeste wäre natürlich, daß der Christ nicht wie eine Lebensbedrohung erscheint, wie jemand, der Israel seiner eigenen Identität berauben möchte, der Israel töten oder verfolgen will, sondern daß der Christ für Israel zum Zeichen des überschwenglichen Segens Gottes wird.

Selbstverständlich hat auch Israel seinen Teil zu tun. Doch entsinne man sich der Lehre des Herrn: „Du Heuchler! Zieh zuerst den Balken aus deinem Auge, dann kannst du versuchen, den Splitter aus dem Auge deines Bruders herauszuziehen" (Mt 7,5). Wir haben nicht zu richten über die Treue anderer. Über die ihr geschenkte Gnade lege die Kirche Rechenschaft ab!

Die Verheißung

An dieser Stelle will ich ein Gebet anvertrauen, das ich kaum auszusprechen wage, derart verwegen scheint es.

Entsinnt euch, was ich zu Beginn dieser Überlegungen gesagt habe, bezüglich der ersten Kirche, der Mutterkirche, der Kirche von Jerusalem. Der Bericht über ihr Verschwinden ist ein ebenso grausames wie erhellendes Kapitel der Kirchengeschichte. Um „katholisch" im ursprünglichen Sinne zu bleiben, das heißt „der Gesamtheit nach", erkennt die Kirche in der Einheit derselben Gnade die Kirche aus der Beschneidung *(ecclesia ex circumcisione)* und die Kirche aus den heidnischen Völkern *(ecclesia ex gentibus).* Die Kirche ist „aus Juden" und „aus Heiden" - die einen wie die anderen werden von den Antiochenern „Christen" genannt.

Jakobus, der Bruder des Herrn - sprich: der Cousin (Gal 1,19) -, ist der erste „Bischof" dieser Kirche von Jerusalem. Sie bestand nur aus Juden, die Jünger Christi waren. Es ist unnötig, an die ersten Kapitel der *Apostelgeschichte* zu erinnern. Diese Kirche, zu deren Gunsten Paulus die Großzügigkeit aller neuen Kirchen mobilisiert hat, die ihrerseits mal aus Juden und Heiden, mal mehrheitlich aus Heiden bestanden, wurde im Laufe der Geschichte zunächst von den Byzantinern, dann vom Islam ausgelöscht.

Heute noch berühren die Konsequenzen dieses Dramas die Kirchen des Orients. Byzanz hat den christlichen Gemeinden in den Ländern semitischer Tradition seine Sprache, Griechisch, und seine Liturgie auferlegt, besonders nach dem Konzil von Chalkedon.[33] Die Gemeinden – katholisch oder nicht – der Patriarchate von Antiochien und Alexandrien konnten nur um den Preis ihres Widerstandes und häufig ihrer Isolierung überleben. Die chaldäische Tradition hat das Aramäische als liturgische Sprache bewahrt. Doch all das hat heute nicht mehr viel mit der Realität des jüdischen Volkes zu tun.

Die zeitgenössische Geschichte stellt uns allerdings ein anderes paradoxes Ereignis vor Augen: die Wiedergeburt des Staates Israel. So wie er sich darstellt, ist er in seiner politischen Inspiration aus dem säkularisierten Abendland und dessen Kultur hervorgegangen. Er führt im Nahen Osten – selbst wenn das noch Gegenstand heftiger innerer Streitigkeiten ist – die Idee eines „laizistischen" Staates ein, der allen Bürgern, welcher Religion sie auch angehören, die gleichen Rechte zugesteht. Das Paradox ist, daß das Volk Israel, wiewohl es sich als solches geltend macht, unter die anderen Völker treten will, dem Modell des Westens folgend, das sich auf dem Weg zur Universalisierung befindet. In dieser Situation wird eine „Kirche", eine *eccle-*

---

33   Die Apg bezeugt die Verbindung der Kirche Alexandriens und Antiochiens mit der von Jerusalem. Große jüdische Gemeinden in Ägypten und Syrien erklären die schnelle Ausbreitung des Christentums. Infolge des Konzils von Ephesus (431) und des Konzils von Chalkedon (451), die unter dem Beistand des Heiligen Geistes den Glauben der Kirche gefestigt haben, wurde der Druck seitens der byzantinischen Kaiser auf die Kirchen des Orients noch stärker, was dazu führte, daß sich diese größtenteils von Rom trennten. Die dogmatische Aussöhnung mit der katholischen Kirche ist heute auf dem besten Weg (1984 mit der syrisch-orthodoxen Kirche, 1988 mit der koptisch-orthodoxen Kirche, 1994 mit der assyrischen Kirche des Ostens).

sia ex circumcisione, wie sie von einem Mosaik in Santa-Sabina in Rom bezeichnet wird, wieder denkbar.

Ihr wißt das besser als sonst jemand, da Dom Grammont beschlossen hat, das ehrwürdige Kloster von Abu-Gosh[34] in Israel wieder dem Gebet zu öffnen. Drei Mönche hat er hingesandt, darunter Frater Jean-Baptiste. Ihr unterstützt ihn mit eurem Gebet, in der Hoffnung, neben ihnen ebenfalls eine neue klösterliche Gemeinschaft gründen zu können.[35]

Diese *ecclesia ex circumcisione,* welche die *ecclesia ex gentibus* evangelisiert hat, wurde von Papst Pius XII. aus ihrem sehr langen Schlaf geweckt. Kardinal Tisserand, seinerzeit Präfekt der Kongregation für die Orientalischen Kirchen, hatte die Gründung einer Vereinigung zum Zweck dieser Wiederbelebung ermuntert – seit 1954 das „Jakobuswerk" unter der Schirmherrschaft des lateinischen Patriarchen von Jerusalem, Albert Gori. Die erste Messe *ad experimentum,* in Hebräisch und im syrischen Ritus, wurde 1956 in Haifa gefeiert. Schließlich hat Papst Pius XII. Kardinal Tisserand den Gebrauch des Hebräischen im lateinischen Ritus für den Teil der Liturgie zugestanden, den wir heute als Wortgottesdienst bezeichnen, und für den vom Vaterunser an; dies bereits 1957, also lange vor der liturgischen Reform des Zweiten Vaticanums.

All dies entdeckte ich 1951, als ich noch Seminarist war und zum ersten Mal in das Heilige Land pilgerte. Ich begegnete dort Jean-Roger Henné,[36] einem Assumptionistenpater, der sein ganzes Leben dieser hebräischsprachigen Gemeinschaft gewidmet

---

34 Dom Paul Grammont (1911–1989), Abt von Bec-Hellouin von 1948 bis 1986, hat 1976 durch die Entsendung dreier Mönche das Kloster von Abu-Gosh wiederbelebt, das Kreuzritter im 11. Jh. Emmaus nannten. Die Kirche Maria von der Auferstehung wurde dort zum Gedächtnis an die Begegnung mit dem Auferstandenen vor Emmaus (Lk 24) errichtet. 1873 wurde das Landgut von Abu-Gosh Eigentum des französischen Staates. 1899 kamen Benediktiner von Bec-Hellouin aus der Kongregation der Olivetaner dorthin.

35 Das Kloster wurde zur Abtei erhoben, und P. Jean-Baptiste Gourion ist seit 1999 der erste Abt. Der Patriarch von Jerusalem beauftragte ihn, über die hebräischsprachigen katholischen Gemeinschaften in Israel zu wachen.

36 Jean-Roger Henné ist am 3. September 1979 verstorben.

hat. Er hat mir das Versprechen abgenommen, daß ich mich ihm nach meiner Weihe anschließe, um als Priester in den Dienst dieser kleinen, sehr kleinen Herde zu treten. Mein Wort konnte ich, bis heute zumindest, nicht halten.

Fast jedes Jahr, von 1951 bis zu meiner Ernennung zum Pfarrer, pilgerte ich mit Studenten zu den Heiligen Stätten. Ich habe das Wachsen und die Prüfungen dieser armen, zerbrechlichen, verletzten Gemeinschaft verfolgt. Ihre Mitglieder – welcher Herkunft sie auch sein mögen – erleiden heute alle Widersprüche: die, die das jüdische Volk stets ertragen hat, und die, welche die Christen im Lauf der Jahrhunderte in diesem so komplexen Land erfahren haben. Unter ihnen ist eine Mehrzahl geweihter Personen – Priester, Ordensfrauen oder Laien. So, als ob Gott nur Menschen in dieser seltsamen kleinen Herde zusammenführen wollte, die zum höchsten Zeugnis der Liebe und der Ausdauer berufen sind, Menschen, die zur Heiligkeit bestimmt sind. Und doch – welche Schwäche, welche Armseligkeit, welche Wunden, welche Spannungen ...

Vor etwas mehr als eineinhalb Jahren wurde mir die Gnade zuteil, eure Brüder von Bec-Hellouin in ihrer Gründung von Abu-Gosh zu besuchen. Diese drei waren ein Zeichen des Friedens inmitten einer schmerzerfüllten, gespaltenen hebräisch-sprachigen Gemeinschaft, die am eigenen Leib erlebt, wie sie von den meisten örtlichen Gemeinschaften verworfen wird. Im gemeinsamen Gebet und im Gespräch über die Eindrücke, die ich während dieses einmonatigen Aufenthalts im Heiligen Land sammelte, hatte ich das Gefühl, daß sie eine Verheißung für die Zukunft dieser Kirche *ex circumcisione* seien. Was wird diese Zukunft sein? Gott weiß es. Doch wer weiß, vielleicht ist diese hebräischsprachige Gemeinschaft, in ihrer Verborgenheit und Erniedrigung, unter den aus den Heiden hervorgegangenen Christen das Zeichen des entstellten Knechtes und des Lammes.

Nichtsdestotrotz: Wenn die Kirche dieser Gemeinschaft eine eigenständige Existenz verleihen würde, könnte sie, gemeinsam mit den arabischen christlichen Gemeinschaften, den Auftrag erfüllen, den Jesus seinen Jüngern gegeben hat. Inmitten von Judentum und Islam, arabischer und abendländischer Kultur, inmitten all der sich widerstreitenden politischen Forderungen

– wem sonst gebührte es, diese Seligpreisung zu leben: „Selig, die Frieden stiften, denn sie werden Söhne Gottes genannt werden" (Mt 5,9)? Christus, der Sohn Gottes, „hat Frieden gestiftet im Blut seines Kreuzes", sagt Paulus (vgl. Eph 2,13–17). Dieses Zeugnis erwartet der zerrissene Nahe Osten von den Christen.

Während dieser Reise hatte ich den Eindruck, daß sich etwas wandelt, in der Art, wie diese hebräischsprachige Gemeinschaft seitens der jüdischen Israelis und der etablierten christlichen Gemeinschaften angenommen wird. Ich empfehle sie eurem Gebet. Sollte nämlich Gott gewähren, daß sie ihre Identität innerhalb der Kirche findet, wäre das für den Glauben aller eine unschätzbare Gnade. Sie wäre Zeichen und Unterpfand der Treue Gottes und seiner Verheißung. Sie würde die Sendung der Christen tief in die Heilsgeschichte verwurzeln, wie das Zweite Vatikanische Konzil nachdrücklich in Erinnerung ruft.

Marana Tha

Die christliche Hoffnung hat das Merkmal der Vorwegnahme. Durch die Gabe Gottes nehmen wir die Vollendung aller Dinge vorweg, und doch ist Gott nicht alles in allen.

Die Versuchung für die Christen ist anzunehmen, das Reich Gottes sei bereits da. Das beobachten wir, wenn sich die Kirchen dem Reich Gottes substituieren. Dann geben sie von sich selbst nur noch das Bild einer menschlichen Gesellschaft, die aus Gott ein Werkzeug zu ihren Diensten macht. Denn die christliche Hoffnung ist Erfahrung des Geistes und der Auferstehung in Männern und Frauen, die noch gezeichnet sind vom Tod. Sie haben noch Anteil am Fleisch und leben doch bereits aus dem Geist. Sie haben Anteil am Leben des Auferstandenen und müssen noch durch den Tod hindurch, und sie haben Anteil an der Gemeinschaft des Heiligen Geistes und sind noch in der Zerrissenheit.

Wir vergessen nahezu systematisch, daß die Christen die Hoffnung Israels teilen, die von der Gestalt des gekreuzigten Messias zum Höhepunkt geführt wurde. Während aber Israel die Nostalgie der ihm verheißenen Bürgschaften haben könnte –

ein Zeichen dieser Welt, ein Land, ein Volk, eine anerkannte soziale Existenz –, besteht das brutale Paradox von zweitausend Jahren christlicher Geschichte darin, daß die Völker des Abendlands versucht haben, diese Hoffnung und diese Verheißungen an sich zu reißen und sie aus sich heraus und für sich selbst zu verwirklichen. Das ist immer die Versuchung, sich das Reich Gottes als sichtbare und unmittelbare Erfüllung der Gerechtigkeit aus menschlicher Kraft vorzustellen. Der Mensch kann aber nur in Gerechtigkeit leben, wenn er sich selbst ungerecht weiß. Andernfalls ersetzt der Mensch die göttliche Gerechtigkeit durch menschliche Ungerechtigkeit. Er wird erneut zum Heiden, ohne Gott, ohne Hoffnung, die Prophezeiung Israels vergessend.

Aufgrund des Glaubens an den gekreuzigten Messias waren die christlichen Völker für diese göttliche Hoffnung zu Dank verpflichtet. Sie haben das Volk, das Gott zum Zeugen dieser Hoffnung erwählt hat, an den Rand ihrer Gesellschaft geschoben, es der Armut und Ausgrenzung übergeben, es zur Enteignung aller Güter, aller Wurzeln, aller Identität verdammt. War fünfzehn Jahrhunderte lang nicht das jüdische Volk das sichtbarste Zeugnis der Eschatologie in Europa? Ungewollt, sich selbst zum Trotz ein Volk von Zeugen, bis hin zum Martyrium in der Treue lebend, in der Sünde vielleicht, doch Zeugen dafür, daß das Reich nicht von dieser Welt ist. Sollten das Martyrium und die messianische Hoffnung der Juden keinen Sinn, keinen Wert für die Kirche haben, die die Wiederkunft ihres Erlösers erwartet, die die Parusie des Erlösers aller erwartet?

2002

Israel und die Völker*

Tief bewegt habe ich die Einladung der Universität von Tel Aviv zu diesem Kolloquium angenommen. So kann ich morgen in Jad Vashem, auf dem Boden Israels, am Tag der Schoah teilnehmen, da wir des 50. Jahrestages der Befreiung aus den Konzentrationslagern gedenken.

Seit dem Sommer 1973 war ich nicht mehr in Jad Vashem. Damals hatte ich einen Tag des Fastens, der Meditation und des Gebetes in der Gedenkstätte verbringen wollen.

Ich hatte mich ein wenig beiseite niedergesetzt. Nach einigen Stunden trat der Wärter besorgt an mich heran und sagte: „Sei nicht betrübt, sprich einen *kaddisch* und geh nach Hause." Und er reichte mir den Text. Ich tat wie er sagte und dankte Gott in meinem Herzen für diesen Wärter, der mich getröstet hatte, so wie der Engel Elija in der Wüste getröstet hat (1 Kön 19,1–8).

Ich vertraue Ihnen dies heute öffentlich an, um darzustellen, in welcher Geisteshaltung ich mich an Sie wende.

Ich möchte Ihnen einige Überlegungen zum Schicksal von „Ganz Israel" mitteilen, das heißt zum jüdischen Volk in der Diaspora und dem im Staat Israel versammelten Volk.

Ich kann nur einigen der zahllosen Schätze nachgehen, die in dem an Abraham gerichteten Wort enthalten sind: „Segnen sollen sich mit deinen Nachkommen alle Völker der Erde" (Gen 22,18).

Das Verderben aller Völker

Zunächst jedoch fragen wir an diesem 50. Jahrestag erneut, warum Gott nicht gehandelt hat, wie er es dereinst getan hat, als er Lot und seine Familie aus Sodom und Gomorra entfernte, bevor Schwefel und Feuer über diese Städte regnete (Gen 19,1–29)?

---

*   Vortrag in der Universität von Tel Aviv am 26. April 1995, in: Osservatore Romano (F) vom 2. 5. 1995.

Sollte Gott seine Verheißung vergessen haben, dieses Wort, das Hosea (11,8–9) überliefert, verleugnet haben: „Wie könnte ich dich preisgeben, Efraim, dich aufgeben, Israel? Wie könnte ich dich preisgeben wie Adma, dich behandeln wie Zebojim? Mein Herz wendet sich gegen mich, mein Mitleid lodert auf. Ich will meinen glühenden Zorn nicht vollstrecken und Efraim nicht noch einmal vernichten. Denn ich bin Gott, nicht ein Mensch, der Heilige in deiner Mitte. Darum komme ich nicht in der Hitze des Zorns."

Furchtbare Fragen, über die wir seit Beginn dieses Kolloquiums nachgedacht haben, Christen und Juden, Gläubige und Nicht-Gläubige.

Denn in unserem Jahrhundert hat sich ein Grauen gezeigt, das in der Geschichte beispiellos ist. In dieses Vorhaben, das jüdische Volk zu vernichten, waren Menschen aller Völker verwickelt, also verantwortlich, auf direkte oder indirekte Weise, als Anstifter oder Komplizen, durch Zynismus oder durch Stillschweigen. Das zumindest kann man entdecken, wenn man die Ereignisse mit der Distanz eines halben Jahrhunderts untersucht.

Und die einzige göttliche Antwort, die diesem Vernichtungsplan entsprochen hätte, wäre die Zerstörung der Menschheit gewesen, eine neue Sintflut.

Doch Gott hat Noah geschworen: „Ich will künftig nicht mehr alles Lebendige vernichten, wie ich es getan habe" (Gen 8,21). Dieser Noah-Bund mit der gesamten Menschheit überläßt das Feld der Freiheit der Menschen, die zum Besten wie zum Schlimmsten fähig sind. Gott hat den Menschen die Macht überlassen, die Menschheit zu vernichten, eine Macht, die die derzeitige Atomwaffenkonferenz in New York zu begrenzen versucht.

Um also die Frage zu beantworten: „Warum hat Gott geschwiegen?", fordert die Tora zur Frage auf: Warum war Gott dem mit Noah geschlossenen Bund so weit treu, daß er sein eigenes Volk den unerträglichen Preis dafür zahlen ließ?

Ich glaube nicht, daß wir eine andere Antwort als diese haben: Gemeinsam, als Juden, entdecken wir uns als Überlebende der Schoah, wir sind am Leben. Gemeinsam entdecken sich alle

Völker, der selbstmörderischen Macht der Menschheit zum Trotz, deren eines der Symptome Hiroshima war, am Leben. Gemeinsam müssen wir, um der Frage zu begegnen, die unsere Zukunft im Dunkeln läßt, die Verheißung an Abraham erneut erforschen: „Segnen sollen sich mit deinen Nachkommen alle Völker der Erde" (Gen 22,18).

Denn es ist offensichtlich, daß man über die Zukunft des jüdischen Volkes nicht nachdenken kann, ohne gleichzeitig über das Schicksal aller Völker nachzudenken.

Das jüdische Volk kann weder abseits stehen noch sich aus der Menschheit zurückziehen. Es würde sich selbst zerstören. Genau das wollte Hitler vollbringen, und genau dem haben die „Könige der Erde" (Ps 2,2) zugestimmt.

Und umgekehrt wissen die Völker, daß die Juden zerstören zu wollen die Menschheit insgesamt in den Selbstmord zu führen heißt.

Das Heil aller Völker

Hinsichtlich des Abraham gegebenen Segens und des Bandes, das er zwischen seiner Nachkommenschaft und den Völkern der Erde knüpft, müssen wir aus den letzten zwei Jahrtausenden unserer Geschichte eine Lehre ziehen.[1]

Wenn etwas dem jüdischen Volk eigentlich gehört, so ist es die Bibel. Und doch: Seit zweitausend Jahren wird sie – von der christlichen Verkündigung überliefert und in alle Sprachen übersetzt – von vielen Völkern als Wort Gottes verehrt. Alle Menschen kennen oder entdecken sie; alle können sie als göttliches Wort empfangen, das auch an sie gerichtet ist.

Die Menschen empfangen von der Bibel das Bewußtsein, einer einzigen Geschichte, der Geschichte der Menschheit anzugehören. Denn im Unterschied zu allen Mythologien offenbart

---

1   Vgl. Jean-Marie Lustiger, *Let my people go* (Ansprache vor der Universität Yale am 2. 11. 1992), in: Nouvelle Revue Théologique 115 (1993), S. 481–495.

der Bericht von der Erschaffung der Welt dem Menschen das Geheimnis Gottes, und er erlaubt es den Menschen, sich selbst in ihrer Würde und in ihrer Bestimmung zu entdecken, indem sie die Geschichte des Volkes empfangen, durch das Gott Zeugnis von sich gibt.

Und man muß wohl festhalten, daß die zeitgenössischen Formen des Universalen – die wissenschaftliche Rationalität und die Technologie, die (zerbrechlichen) Menschenrechte, die oft widerlegte Solidarität der Menschen untereinander zum Wohle des einzelnen und aller –, weder entstanden wären noch sich so machtvoll durchgesetzt hätten, wären sie nicht von der biblischen Offenbarung genährt worden.

Diese historische Feststellung wirft zwei Fragen auf:

1. Wie können und müssen die Juden jene Völker betrachten, welche die Offenbarung empfangen und sie sich zu eigen machen?

2. Wie können und müssen die Völker die Juden betrachten, von denen sie dieses Wort der Offenbarung empfangen?

Es gab in der Vergangenheit den Willen in der Christenheit, den rechtmäßigen Verwahrer zu enteignen, ihn sogar zu vernichten, um ihm diesen Schatz zu rauben. Sind heute diejenigen, die an das Wort Gottes glauben, wiewohl sie nicht Juden sind, auch Usurpatoren? Können sie also dieses Wort nicht empfangen, ohne gleich Juden werden zu wollen? Können sie noch als Ignoranten betrachtet werden, als Götzenanbeter?

Über den im Glauben empfangenen biblischen Text ist in allen Völkern, selbst in denen, wo keine Juden leben, das jüdische Volk vertreten. Es ist für diese Gläubigen unmöglich, sich nicht auf irgendeine Weise mit diesem Volk und mit seiner Geschichte zu identifizieren. Eines der ergreifendsten Beispiele ist das der Schwarzen, die als Sklaven in die Neue Welt deportiert wurden.

Welchen Blick richten sie also auf das jüdische Volk und seine Vergangenheit, aber auch auf seine Gegenwart und seine Zukunft?

Besonders und allgemein – die Bestimmung Israels

Auf Sünde und Tod wie auf Befreiung und Leben ist das Los des jüdischen Volkes und das der Völker unauflöslich miteinander verbunden. Aufgrund der Erwählung und des Gesetzes steht Israel als Träger der messianischen Verheißung „da als Zeichen für die Völker" (Jes 11,10). Doch aufgrund derselben Verheißung messianischen Heils sind die Völker von Gott berufen, in seinen Bund mit Israel einzutreten und „sich als Volk des Gottes Abrahams zu versammeln" (Ps 47,10; vgl. auch Ex 12,38; Num 11,4; Esra 6,21; Jes 2,2 ff.; 66,18–22).

Dem traditionellen Scherz: „Ist es gut für die Juden?" müßte man hinzufügen: „Ist es gut für die Menschheit?" Beide Fragen sind untrennbar. Nur die biblische Offenbarung formuliert auf diese Weise die Beziehung zwischen dem Besonderen und dem Allgemeinen. Das jüdische Volk ist vor allem darum kein Volk „wie die anderen", weil es als Volk Gottes geschaffen wurde. Das macht seine Einzigartigkeit aus.

Gott, der Israel erwählt hat, um sich zu offenbaren, ist Gott des Alls, der, den alle Völker erkennen werden. Gott hat seinen Erwählten ausgesucht, um ihn zu seinem „Werkzeug" zu machen, zu „einem Pfeil in seinem Köcher" (Jes 49,2), zu seinem „herausgenommenen" Diener, um den Willen des Schöpfers aller Menschen zu verwirklichen: das allgemeine Heil.

So ist die besondere Geschichte *dieses* Volkes ausgerichtet auf das Heil *aller* Völker. Aber nicht dem Ehrgeiz der Reiche der Völker entsprechend, die davon träumen, die Herrschaft eines Volkes über alle anderen zu errichten. Gott, der Einzige, herrscht über alle Völker und ermöglicht allen Völkern, bereits jetzt ihre gleiche Würde zu entdecken.

Wir wissen, wie furchtbar der Messianismus abdriften kann, wenn er paganisiert wird! Wenn ihm die Salbung des Geistes fehlt und er auf einen politischen, sozialen oder ethnischen Imperialismus reduziert wird.

So also wird das Paradox des Schicksals von „Ganz Israel" gesprengt.

Söhne Israels haben sich in einem Staat zusammengefunden, der wie die anderen ist – nicht mehr und nicht weniger –, und das ist legitim und notwendig. Dieser Staat wurde von Söhnen des Volkes gegründet, das Gott berufen hat, kein Volk „wie die anderen" zu sein, sondern „für die anderen", aufgrund seines allgemeinen Heilswillens.

Und was auf dieses Volk zutrifft, in diesem Staat, der für die Juden wiedererrichtet wurde, trifft auf die Glieder des jüdischen Volkes zu, die unter den Völkern verstreut sind und deren Bürger sind. Diese Berufung zum Zeugnis entspricht aber der Größe Gottes und nicht der Macht der Menschen.

Es ist das Schicksal von „Ganz Israel", ständig vom eigenen Schicksal überwältigt zu werden.

Von Jules Isaac zu Johannes Paul II.
– Fragen für die Zukunft *

Die Unterzeichner von Seelisberg haben gehofft. Jules Isaac hat an die Tür geklopft.[1] Das Zweite Vatikanische Konzil hat mit der Erklärung *Nostra aetate* die Tür geöffnet. Von da an mußte man in der gegenseitigen Anerkennung von Juden und Christen voranschreiten. Doch es war unmöglich, zwei blutige Jahrtausende einfach unter Gewinn und Verlust abzubuchen. Zunächst mußte die Vergangenheit geklärt und verantwortet werden, um die Wege der Zukunft vorzugeben.

Papst Johannes Paul II. hat diese Aufgabe mit Kühnheit, Liebe und Respekt in Angriff genommen, allem Unverständnis und Widerstand zum Trotz. Er war darauf vorbereitet. Er kannte die jüdische Realität. Juden waren seine Nachbarn, seine Studienkameraden und seine Freunde. Ihre Bräuche waren ihm vertraut, und auch ihr Gedächtnis der Verfolgungen. Er hat ihre Vernichtung in seinem erdrückten Land gesehen. Nach dem Krieg entfaltete sich sein Verständnis der Welt und der Geschichte in der alten Kultur Mitteleuropas, zu der so viele jüdische Intellektuelle und Künstler beigetragen haben. Er ist der erste Papst, der aus eigener Anschauung die heute verschwundene Welt der jüdischen Gemeinden Mitteleuropas gekannt hat.

---

* Ansprache vor dem Jüdischen Europäischen Kongreß in Paris, 28. und 29. Januar 2002.

1 Im schweizerischen Seelisberg fand 1947 eine Konferenz zum Thema Antisemitismus und Christentum statt, an der u. a. auch der französische Historiker Jules Isaac (1877–1963) teilnahm. Nach Veröffentlichung seines Buches *Jésus et Israël* (1948) wurde Isaac von Pius XII. empfangen. Seine Begegnung mit Johannes XXIII. 1960 hatte große Konsequenzen.

Nach Auschwitz

Als Karol Wojtyla sein Pontifikat antrat, begann die Generation der Zeitgenossen der Schoah, zumindest die aus Europa, aus ihrem Schweigen zu treten. Da haben diejenigen, die „nicht wußten", das Gefühl der Leere empfunden, das diese Generation prägt – Leere der ausgelöschten Leben, Leere der Glaubensanschauungen und der Hoffnungen, Leere des Gedächtnisses. Künftig wurde Auschwitz für alle zum Symbol eines verbrannten Gedächtnisses. Auschwitz verweist alles, was vorausging, das alte Europa, ins Nichts. Zwischenfälle, die sofort von den Medien verbreitet wurden, haben seit zwanzig Jahren Polemiken zwischen Juden und Christen wiederbelebt, Unterstellungen genährt, Wunden wieder aufgerissen, Wunden der Schoah und der Jahrhunderte, während der Juden im christlichen Europa regelmäßig verfolgt wurden. Wer empfände nicht das bittere Gefühl, daß diese zerbrechlichen Beziehungen ständig zu zerreißen drohten? Unter diesen Umständen fanden sich jedoch genügend mutige und wahrheitsliebende Menschen, um die aufbrechenden Konflikte zu beruhigen, das Unverständnis zu beseitigen und das Vertrauen wiederherzustellen.

Eine neue Sicht

Johannes Paul II. hat, was ihn betrifft, Initiativen von herausragender symbolischer Tragweite ergriffen. Das gelang ihm nur dank des Willens und des Mutes der jüdischen Verantwortlichen.

Das zwischen dem Vatikan und dem Staat Israel geschlossene Abkommen lasse ich beiseite. Der Text ist seines religiösen wie historischen Inhalts wegen überraschend.

Unter vielen anderen möchte ich hier zwei Gesten erwähnen, die der öffentlichen Meinung in der Welt gezeigt haben, was die dahingehend engagierte Kirche anstrebt.

Der Besuch des Papstes in der großen Synagoge von Rom: sein Foto mit dem Großrabbiner hat mehr bewirkt als ein langer Vortrag.

Seine Pilgerreise in das Heilige Land, sein Besuch in Israel, sein Gebet an der Klagemauer haben die feindseligsten, gleichgültigsten oder skeptischsten Gemüter aufgewühlt.

Gleichzeitig hat Papst Johannes Paul II. eine Lehre von großer Tragweite über das Verhältnis der Christen zum jüdischen Volk entwickelt. Der Papst fordert die Christen auf, das jüdische Volk mit einer neuen Sicht zu entdecken, nicht nur in der Bibel, sondern auch in der Geschichte der letzten zwei Jahrtausende. Die zahlreichen Ansprachen, die im Lauf der Jahre von der höchsten Autorität der christlichen Welt gehalten wurden, werden, so hoffe ich, in einem Band gesammelt werden. Sie rufen Philosophen und Theologen, Historiker und Soziologen, auch Politiker, zu neuerlicher Arbeit auf. Denn diese Gedanken verstehen die menschliche Geschichte im Licht der Offenbarung. Sie fordern dazu auf, die Bedeutung der Erwählung des jüdischen Volkes für alle Menschen zu erfassen. Diese Erwählung zu verkennen oder zu verneinen würde die Heilsgeschichte, die den christlichen Glauben begründet, jeglicher Bedeutung berauben, vielleicht sogar die gesamte menschliche Geschichte.

Der Dienst an der Menschheit

Eine ungeheure Arbeit wurde also in der Haltung der Christen wie der Juden vollbracht: die christliche Verantwortung im Drama des Zweiten Weltkrieges zu erhellen und anzuerkennen. Die zerrissenen Bande einer gemeinsamen, zweitausendjährigen Geschichte, einer gemeinsamen Kultur wiederzuknüpfen. Angestaute Vorwürfe in ihrer ganzen Wahrheit, so grausam sie ist, auszusprechen, damit unter den Erben dieser Geschichte nichts mehr unausgesprochen bleibt.

Und somit, über den Abgrund der Schoah hinweg, die Kontinuität der europäischen Geschichte wiederherzustellen, ein in zweitausend Jahren begonnenes, unterbrochenes, wiederaufgenommenes Gespräch wiederzufinden. So entdecken wir gemeinsam, daß Auschwitz die Geschichte nicht angehalten hat, da wir – in Bewältigung der gesamten Vergangenheit – den gemeinsamen Willen haben, unsere gemeinsame Zukunft im Dienst an der Menschheit zu leben.

Wer wird die geistliche Größe derjenigen würdigen können, die hierbei am Werk waren, den Glauben, den sie bezeugt, und die Großzügigkeit, die sie bewiesen haben? Besonders möchte ich hier an Dr. Riegner[2] erinnern, der all seine Kräfte hierfür eingesetzt hat. Wer wird die göttliche Eingebung ausdrücken können, die diese Menschen geleitet hat? Wer das Gebet so vieler Männer und Frauen, die dieses Vorhaben vor Gott getragen haben? Langsam erkennen wir, daß inmitten dieser Zeit des Unglücks und des Hasses „Gerechte" eine Geschichte geschrieben haben, die aus Wohlwollen, Respekt, Menschlichkeit und Heiligkeit besteht und die Macht des biblischen Wortes offenbart.

Hin zu einem wahren Dialog

Wir sind an einem historischen Augenblick angelangt, wo ein wahrer Dialog, der vor nahezu zwei Jahrtausenden unterbrochen wurde, von Neuem aufgenommen werden kann – ein Dialog natürlich, der wie mit gesenkter Stimme von hervorragenden und allzu schnell in Vergessenheit geratenen Geistern verfolgt wird. Gewiß wird er weder die Gegensätze noch die Unterschiede zwischen Juden und Christen aufheben. Die wechselseitige Vertiefung in das Wort Gottes wird aber dazu führen, daß das, was der Geist einem jeden zu verstehen und zu glauben eingibt, mit Respekt aufgenommen wird. Christen und Juden werden sich gegenseitig als notwendig füreinander entdecken, in einer lebendigeren und stärkeren Sicht der Größe der Gabe Gottes und der Schönheit der Bestimmung des Menschen.

---

2 Gerhart M. Riegner (1911–2001), Generalsekretär des Jüdischen Weltkongresses von 1965 bis 1983.

Juden und Christen: Was sollen sie von ihrer Begegnung erhoffen?*

Können aufmerksame Beobachter denken, die meisten Probleme zwischen dem jüdischen Volk und der katholischen Kirche seien nach den spektakulären Schritten gelöst, die von beiden Seiten unternommen wurden, besonders von Papst Johannes Paul II. und Vertretern des Staates Israel?

In Wirklichkeit erlauben diese Ereignisse erst den Beginn der Unterscheidungsarbeit. Die Notwendigkeit dazu erscheint jedem immer dringlicher, der über diese Frage nachdenkt, die für katholische Christen und Juden gleichermaßen lebenswichtig ist. Ihre gegenseitige Kenntnis wird unerwartet fruchtbar sein – dies wird mein erster Punkt sein. Aber sie bleibt eine von Christen wie von Juden unerfüllte Aufgabe. Davon werde ich im zweiten Teil sprechen.

Gegenseitige Kenntnis

Zunächst einmal: wie stellt sich ein gläubiger, praktizierender *Christ* gemeinhin das jüdische Volk oder die Juden vor?

Christliche Lektüre der Bibel

Seine erste Informationsquelle ist *die Bibel*. Das ist nicht wenig! Die dynamische Identität des jüdischen Volkes, dessen Heilsgeschichte im biblischen Wort greifbar wird, strukturiert praktisch die Kultur des Abendlands. Die Welt der Bibel, die wir zu Recht nur als Erbe des jüdischen Volkes auffassen können, ist zur Matrix jeglicher Darstellung der Geschichte und der Gesellschaft in den Kulturen christlicher Inspiration geworden.

---

* Ansprache vor dem Jüdischen Weltkongreß in Brüssel, 22. und 23. April 2002.

Selbst das Neue Testament ist von Juden niedergeschrieben worden; es ist unverständlich, wenn man das Leben und die Hoffnung der damaligen Juden im Heiligen Land und der Diaspora nicht kennt. Man weiß, auf was für eine widersprüchliche und verletzende Weise diese Texte in der Kirche gelegentlich gelesen wurden. Man braucht nicht die Anstrengungen der letzten Päpste, Johannes XXIII., Paul VI. und Johannes Paul II., im einzelnen aufzuzählen, um die Anklage des „Gottesmords" und die Lehre der Verachtung zu verwerfen.

Der Geist der Christen ist heute sichtlich von einer angemesseneren Lektüre des Neuen Testaments durchdrungen; diese führt zur Wiederentdeckung, daß die Predigt Jesu in die jüdische Kultur der ersten Jahrhunderte gehört und seine Lehre in der Kontinuität der biblischen Tradition steht. Immer mehr Werke, die von jüdischen Autoren diesbezüglich verfaßt werden, bezeugen dies zur Genüge.

Die christliche Lektüre der anerkannten, geachteten und geliebten Bibel führt somit zu einem zuhöchst religiösen Bild des Juden und Israels. Der Streit zwischen der jüdischen und christlichen Interpretation kann heftig sein. Er ist auch in brudermörderische, oft leider blutige Verfolgungen ausgeartet. Solche Konfrontationen können künftig nicht verbergen, daß im anderen der nahestehendste Bruder ist. Die Zeichen der Reue, die Bitte um Vergebung, das Gebet an der Klagemauer klären die christliche Sichtweise. Papst Johannes Paul II. hat seine erstgeborenen Brüder benannt.

Ein frommer Christ könnte sogar, ohne besonders zu übertreiben, versucht sein, in jedem Juden nur den Widerschein des prophetischen Wortes oder einen Träger der geweihten Züge der Heilsgeschichte zu erkennen.

Die Suche nach Gesprächspartnern

Zweitens wird der Katholik, wenn es um die jüdische *Religion* geht, sich diese analog der seinen strukturiert vorstellen. Besonders in Frankreich, wo die napoleonische Emanzipation, die sich anschließend auf den restlichen Kontinent ausgebreitet hat, eine Struktur des Judentums in Anlehnung an den Katholizismus, „Religion der Mehrheit der Franzosen", geschaffen hat.

So werden die Rabbiner den Priestern gleichgestellt, die Synagogen den Kirchen. Gleichgestellt? Sagen wir eher: nebeneinandergestellt.

Diese Gleichstellung der Riten und Praktiken hat das Selbstverständnis der Katholiken auf das Judentum projiziert. Wie groß ist das Erstaunen selbst eines gebildeten Katholiken, wenn er entdeckt, daß die *Cohanim* und die *Leviim* nicht unbedingt Rabbiner sind, und umgekehrt!

Zum dritten hat die historische Geistesentwicklung in der katholischen Kirche dazu geführt, die *Autoritäten* der Religion von denen der Politik zu unterscheiden. Diese Unterscheidung ist übrigens der jüdischen Welt geläufig. Somit werden aber die Verantwortlichen in der Hierarchie der katholischen Kirche bei ihrer Suche nach Gesprächspartnern natürlich die religiösen Verantwortlichen als Gegenüber anerkennen, also Rabbiner oder Großrabbiner. Wenn sie nicht sehr bewandert sind, werden sie dazu neigen, andere Organisationsformen jüdischen Lebens oder jüdischer Identität zu unterschätzen oder ausschließlich dem Bereich des Politischen zuzuordnen. Daher die – verständliche – Schwierigkeit, sich die wahre Natur des Staates Israel und einer Institution wie der Ihren heute vorzustellen.

Das Fremdsein des Juden

Viertens, man ahnt es, ist das Verworrenste für einen Christen die *jüdische Identität*. Sie werden mir entgegenhalten, daß sie auch für Juden Gegenstand von Auseinandersetzung und Streit ist! Das ändert nichts an der Tatsache, daß wir alle wissen, worum es sich handelt.

Was haben Einstein, Cohn-Bendit, Marx, Freud, Ben Gurion, Rosenzweig, Martin Buber, Rabin, Begin, Bergson, Mendelssohn und so viele andere gemeinsam, wenn nicht, daß sie Juden sind? Aber was heißt das? Etwa der unvergleichliche Eindruck eines Fremdseins? Die Ahnung eines subtilen Bandes, in dem sich verdrängte Erinnerungen und antisemitische Parolen vermengen? Was Nicht-Juden zu naivsten, zuweilen verletzenden Fragen führt?

Dieses Merkmal des Fremdseins des Juden in den Augen des Nicht-Juden wird noch verstärkt durch die konkrete Situation ganzer jüdischer Bevölkerungen, die im Laufe der Jahrhunderte ständig auf Wanderschaft waren. In keinem europäischen Land ist ein Jude jemals wirklich einheimisch (es sei denn sehr selten); er ist, bis auf eine oder wenige Generationen, immer ein Einwanderer und also ein Fremder – fremder noch als andere, wegen seines ausgeprägten religiösen oder identitären Unterschieds.

Schließlich erwähne ich, rufe ich vor allem die *Schoah* in Erinnerung. Sie prägt die heutigen Juden auf unauslöschliche Weise. In den Augen der Nicht-Juden erscheint sie wie ein Unterscheidungsmerkmal, das das Grauen des schlechten Gewissens und den Schrecken einer bedrohlichen Prophetie hervorruft. Für das christliche Bewußtsein bestärkt sie den heiligen, faszinierenden und beunruhigenden Charakter des Juden.

Eine Schicksalsgemeinschaft

Kurz, die jüdische Identität ist für die Christen schwer zu fassen. Institutionen wie der CRIF[1] in Frankreich, der Jüdische Europäische Kongreß oder Ihr Jüdischer Weltkongreß bezeugen jedoch: Bei allen religiösen, kulturellen, politischen oder ideologischen Unterschieden sowie theoretischen Meinungsverschiedenheiten bezüglich ihres Selbstverständnisses gibt es eine Gemeinsamkeit unter den Juden. Sie widersteht sogar jeglicher Kritik und jedem Versuch, eine Distanz herzustellen.

Sie ist an keiner Nationalität, keiner Kultur, keiner Sprache, nicht einmal an der Ausübung einer Religion abzulesen, wiewohl diese in der Tradition eine grundlegende Rolle gespielt hat und noch spielt.

Sie ist das Wahrnehmen einer unauslöschlichen Schicksalsgemeinschaft, die ein gewisses Ideal des menschlichen Lebens einschließt.

Es ist die – selbst vergrabene – Erinnerung an Jahrtausende der Geschichte, in denen Zerstreuung und Verfolgung einen wesentlichen Platz einnehmen, gleichzeitig mit der unzerstörbaren Hoffnung, leben zu müssen.

---

1 CRIF: Conseil Représentatif des Institutions juives de France, in etwa vergleichbar dem Zentralrat der Juden in Deutschland.

Es ist schließlich auch das Gefühl einer Pflicht gegenüber dem Leben und der Menschheit.

So lange diese Realität von einem Nicht-Juden – ob Katholik oder nicht – nicht zumindest erahnt wird, wird er seine Beziehung zur jüdischen Welt schwerlich einordnen können. Das schwierige Verständnis der jüdischen Identität dehnt sich auf gewisse Weise auch auf die Entstehung und die Existenz des Staates Israel aus. Seine Anerkennung – das wissen wir – war ein entscheidender Schritt in der Aufnahme normaler Beziehungen zwischen der katholischen Kirche und der jüdischen Welt.

Symmetrisch dazu …

Um die Schwierigkeit zu betonen, müssen wir versuchen, das symmetrische Bild zu zeichnen: was Katholiken *für Juden* sein können.

Erstens: Wäre es arg vereinfachend, wenn ich mich mit einem Wort begnügte – *goj?* Dieses Wort ist jedoch ambivalent. Für die *Aschkenasen* war dieses Wort gleichlautend für „Christ", da selbstverständlich die nicht-jüdische Bevölkerung um sie herum christlich war. Die jüdische Wahrnehmung überträgt so ihrerseits auf alle Nicht-Juden einen der jüdischen Identität vergleichbaren Identitätstypus.

Diese Sicht hat eine Schwäche. Die Verschiedenheit unter den Nicht-Juden ist unendlich größer als die im Judentum. Denn der Zusammenhang besteht meist nicht – es sei denn bruchstückhaft – aufgrund der Nation oder der religiösen Zugehörigkeit, einer kulturellen oder korporativen Tradition. Allzu häufig ist es seitens der jüdischen Welt ein Sehfehler, die restliche Welt auf eine einzige Kategorie zurückzuführen.

Zweitens – religiös gesehen – hat sich die jahrhundertealte jüdische Tradition entschieden, *das christliche Faktum zu ignorieren,* es nicht einmal zu erwähnen. Als diesbezüglich Diskussionen auftraten, war die Antwort, das Judentum bedürfe der Christen nicht, um sich selbst zu definieren. Um sich seinem Wesen nach zu definieren? Vielleicht nicht. Um sich seiner eigenen Bestimmung und historischen Fruchtbarkeit nach zu beschreiben? Ich weiß nicht.

Jedenfalls erlaubt diese Antwort keine Rechenschaft über die Wege, den die Völker, die von Israel die Bibel empfangen haben, zurückgelegt haben.

Eine unheilbare Krankheit

Drittens hat *die Last der Geschichte* im Abendland zu einer komplexen Beziehung zwischen Juden und Nicht-Juden geführt. Eine komplexe Beziehung, bestehend aus Identifikation, ja sogar Assimilation, doch auch aus Ablehnung, ja sogar allzu häufig blutiger Feindschaft.

Diese Beziehungen bleiben geprägt von der jüdischen Erinnerung – und der katholischen Verdrängung – an einen Zustand der Ausgrenzung und der Unterdrückung. Die seit der Aufklärung gewährte Freiheit hat in einer emanzipatorischen Logik dazu geführt, daß das eigentümlich Jüdische zugunsten einer gemeinsamen Identität verdrängt wurde, die sich auf die rationale Staatsbürgerschaft stützte.

Der wichtigen, häufig entscheidenden Stellung zum Trotz, die Juden bei der Errichtung der modernen Kultur eingenommen haben, blieb ihr Anderssein immer bestehen – in seinem innersten Grund nicht zu greifen, gelegentlich verdrängt von der Gleichgültigkeit der Juden selbst, doch immerzu gegenwärtig und bereit, wieder aufzutauchen, und sei es um den Preis einer unheilbaren Krankheit: des Antisemitismus. Sobald dieser auftaucht, weckt er in jedem Juden die Erinnerung – sogar die Erinnerung an die Erinnerung – an die Verfolgungen, an die Scheiterhaufen, an die Inquisition, an die Ghettos, die Pogrome, die Konzentrationslager … Dieses vorausgehende Gedächtnis wiegt als schwere Last auf unsere Gedanken und unsere Entscheidungen, gleichzeitig mit der Kraft, stets das Leben zum Sieg zu führen.

Die Aufrichtigkeit des Dialogs

Es ist also notwendig, eine beharrliche Arbeit gegenseitiger Kenntnis weiterzuführen, die die wechselseitigen Vorstellungen der Katholiken wie der Juden voneinander in ihrer Wahrheit erfaßt. Wir müssen das symbolische Erbe darlegen, das uns vereint und trennt. Um einen wirklichen Dialog zu führen, der nicht von Verdächtigungen und Empfindlichkeiten gestört wird, ist es notwendig, sich auf affektive und konkrete Weise zu kennen.

Lasse ich die vergangenen zwanzig Jahre Revue passieren – und ich befand mich auf einem günstigen Beobachtungsposten –, konnte ich bei vielen jüdischen Entscheidungsträgern und Verantwortlichen der katholischen Kirche die Energie und Beharrlichkeit bewundern, mit der sie Argwohn und Kritik entschärften, die von der Empfindlichkeit angefacht wurden, die von den in der Vergangenheit empfangenen Schlägen herrührt, vom Abwehrreflex, der in der Zeit der Verfolgung und der Verachtung gründlich erworben wurde.

Wird dagegen die Beziehung vertrauensvoll, wird es möglich, die Dinge zu vertiefen und sie sich in Wahrheit zu sagen, unter vernünftigen Wesen, die derselben Menschheitsfamilie angehören, in einem Vorschuß an gegenseitiger Wertschätzung und Achtung. Dann kann auch die Natur der Streitpunkte in ihrer wahren und konkreten Realität erscheinen, ohne gleich vom Gewicht vergangener Konflikte und von Ängsten um die Zukunft belastet zu werden.

Ich insistiere. Es geht nicht darum, sich mit einer Ethik des Konsenses und der Kommunikation zu begnügen. Wir bedürfen einer wahren Kenntnis der jeweiligen Empfindlichkeiten und ihrer Geschichte, der Überzeugungen und des Ungesagten, sogar unserer Ignoranz.

So eine Arbeit setzt persönliche Kontakte voraus, wobei das gesellschaftliche Leben der entwickelten Länder nicht immer für die Debatten günstig ist und ständig andere Reibungspunkte hervorbringen kann.

Der *Antisemitismus* bleibt für uns eine quälende Bedrohung. Das zionistische Wagnis schlug eine radikale Lösung vor, indem es dem Jüdischsein in der Diaspora die Identität einer Nation gab, die fähig ist, sich zu verteidigen und Respekt zu verschaffen. Ein anderer Weg appelliert an das Recht der Menschen und an die gemeinsame Vernunft. Das ist der Fall der französischen Gesetzgebung, die das Delikt des Antisemitismus geißelt und bestraft.

Diese Art, dem Wiederaufleben des Antijudaismus entgegenzutreten, hat ihren Sinn, aber auch ihre Grenzen. Denn der

Antisemitismus ist die zum Sieden gebrachte Folge der Verneinung unseres Unterschieds, dieses besonderen Unterschieds, der das Jüdischsein ausmacht, dieses einzigartigen Unterschieds, da er das Merkmal der Erwählung Israels trägt.

Um dieses Irrationalen und dieser symbolischen Kraft Herr zu werden, die sich in zerstörerische Gewalt verwandeln kann, bedarf es der Weisheit und der Umsicht. Hier kann die vertrauensvolle Begegnung der Verantwortlichen des Katholizismus mit den Verantwortlichen des Judentums helfen, die irrationalen Ausbrüche des Hasses, des Grolls oder der Rache zu beruhigen, und, so Gott will, respektvolle Debatten und fruchtbaren Austausch einzuführen.

Übereinstimmungen

Die Begegnung und die gegenseitige Kenntnis werden die Gegensätze nicht aufheben. Doch sie würden – besser: sie werden – Übereinstimmungen erscheinen lassen, die durch die „Globalisation" der Kulturen heute offener zutage treten. Das wird im Leben der Gesellschaften das Bewußtsein gemeinsamer Grundhaltungen stärken.

Jenseits der Ideologie

Über alle unsere Unzulänglichkeiten hinweg geht es zuerst um eine *ethische Vision* des menschlichen Verhaltens.

Sicher ist die Verschiedenheit der Standpunkte bei den Juden groß, wie übrigens auch bei den Christen. Dennoch zwingen die biblische Botschaft und die Botschaft des Evangeliums zu einer wirklichen und starken Übereinstimmung, die sich übrigens oft gegen alle Ideologie durchgesetzt hat. Zwei Begriffe symbolisieren das: Gerechtigkeit und Frieden. Die große Gestalt René Cassins, des Hauptredaktors der Allgemeinen Erklärung der Menschenrechte, die 1948 in Paris verkündet wurde, ist dafür das beste Beispiel.

Von diesem Gesichtspunkt aus ist es nicht uninteressant, an die Rolle zu erinnern, die Juden beim Entstehen und bei der Entwicklung des Marxismus spielten. Einige von uns sind aus leidenschaftlichem Wunsch nach Frieden zu seinen Anhängern geworden. Sie – oder ihre Kinder – standen an der Spitze der Gegner der Diktatur oder des Terrors, um die Menschenwürde zu verteidigen. Sie haben dafür einen schweren Preis bezahlt. Meine Sicht ist vielleicht allzu religiös oder einfach zu optimistisch? Doch beim Großteil der Probleme, die das menschliche Dasein und seine Rückwirkung auf die gesetzgeberische Ausrichtung betreffen, scheinen mir die Vertreter des Judentums und die der katholischen Kirche bezüglich der Prinzipien und der Grundlagen des Lebens in der Gesellschaft häufig einig zu sein.

Die Religionsfreiheit, Schlüssel zur Demokratie

Ein weiterer Punkt der Übereinstimmung zwischen der für die jüdische Identität konstitutiven Erfahrung und dem christlichen Glauben bzw. den Kulturen, die aus ihm hervorgegangen sind, ist eine gewisse Idee von *Demokratie* und *Freiheit*.

Die Verteidigung der Rechte des einzelnen und der politischen Freiheit gehört zur jüdischen Tradition, in der die Kritik am Königtum Teil der biblischen Offenbarung ist, die gleichzeitig die Gestalten Davids und Salomos idealisiert.

Die christliche Tradition hat das übernommen; gleichzeitig benutzten die Imperien das Christentum für eine mißbräuchliche Sakralisierung, die gleich daran ging, die Juden zu unterdrücken. Die Verteidigung der Religionsfreiheit führt uns heute zur Ablehnung eines Staates, der sich heilige Autorität anmaßt und Macht über die Gewissen, was allein Gott zukommt.

Vielleicht ist meine Sprache zu religiös, um dieser politischen Frage des Bürgerrechts gerecht zu werden? Doch die Tatsache bleibt, daß die jüdische Erfahrung und die katholische Tradition heute darin übereinstimmen, das religiös Heilige dem Gewissen des Menschen, dem „Bild und Gleichnis Gottes" vorzubehalten sowie der Verehrung, die man der Wahrheit entgegenzubringen hat.

Diese demokratische Gleichheit der Rechtssubjekte darf die konfessionellen oder ethnischen Besonderheiten, die den menschlichen Reichtum bilden, nicht einebnen, sondern muß den für ihre Existenz notwendigen sozialen Raum schaffen, und zwar in

Achtung der notwendigen Unterscheidungen, der Freiheit des einzelnen und des gemeinsamen Wohls aller.

Tatsache ist, daß sich die jüdischen Gemeinden heute in der Welt am besten in den Ländern christlicher Kultur entfalten, wo die demokratische Staatsform die älteste und respektierteste ist: Westeuropa und die Vereinigten Staaten ...

Universalismus und Gemeinschaft

Noch ein praktischer Punkt von beachtlicher sozialer Tragweite ist zu erwähnen. Man kann ihn mit einem sicherlich überholten Ausdruck bezeichnen: die Ablehnung des *Rassismus*.

Aus jüdischer Sicht wird die Unterscheidung zwischen Israel und den Völkern nicht von ethnischen oder kulturellen Merkmalen bestimmt. Sie verbindet das Gedächtnis Israels mit einem konstitutiven Aufruf, der dem jüdischen Volk eine Sendung im Dienste aller aufträgt. Keine menschliche Überlegenheit oder Minderwertigkeit ist für den Allerhöchsten entscheidend. Nur der Bezug zum Dreimal-Heiligen begründet eine Auszeichnung, die den Universalismus der Hoffnung und den Keim eines gleichen Rechts für alle in sich trägt.

Die christliche Sicht ist innerlich durch die nationalen Identifikationen gestört. Doch weiß sie sich, vom Universalismus Israels belehrt, Trägerin eines *Universalismus der Gemeinschaft*. Jede Kultur, jede Ethnie, jede Sprache, jede Nation verdient es, in ihrer Besonderheit geschätzt und geachtet zu werden, doch keine von ihnen kann sich eine Überlegenheit zusprechen oder eine Herrschaft über die anderen einfordern, was eine Beleidigung der gemeinsamen Würde und der einen Berufung aller wäre.

Der Wille der Vorsehung, so wie ihn der Katholizismus der Bibel entsprechend auffaßt, versammelt vielmehr die Menschheitsfamilien, die bereits durch den Ursprung von ihrem Schöpfer vereint sind, in der Gemeinschaft desselben Segens, der in Abraham allen Völkern verheißen ist.

Aus Verkennung der Wege des Herrn und der Erwählung seines Volkes wurde Israel 1975 von den Vereinten Nationen als „rassistischer Staat" verurteilt, in einem Zug mit dem Südafrika der Apartheid, als ob die geheiligte Trennung zwischen dem Volk und den Völkern aufgehoben worden wäre und unwahrerweise auf eine angebliche Reinheit des Blutes reduziert werden könnte.

Die Vision von der katholischen Gemeinschaft ist aber inspiriert von der des Volkes Gottes und von den Beziehungen Israels zu den *gojim*. Für den Katholizismus war die Versuchung die der Heiden: die jüdische Besonderheit aus seinem Bewußtsein zu streichen. Für die Juden besteht die Gefahr, die Völker in einem beunruhigenden Nebel zu belassen und somit das Christentum zu verkennen – denn vergessen können sie es nicht. Vielleicht wird sich zeigen, daß eine gemeinsame Überlegung den einen wie den anderen ermöglichen würde, ihre jeweilige Sicht zu vertiefen und ihr Handeln zu berichtigen?

Selbstvertiefung angesichts des anderen

Zum Abschluß möchte ich einen Gedanken hinzufügen, der direkter den Bereich des *Glaubens* betrifft.

Das Erbe der Streitigkeiten und Unterstellungen hat bei den Christen wie bei den Juden zu festgefahrenen und verkrampften Haltungen bezüglich des eigenen Selbstverständnisses und des Bildes vom anderen geführt. Auf intellektuellem Gebiet hat das allzu häufig dazu geführt, den anderen, ich möchte nicht sagen: zu verneinen, doch – um einen medizinischen Fachausdruck zu verwenden – zu skotomisieren, sozusagen so zu tun, als gäbe es ihn nicht.

Der Dialog stellt den Kontakt wieder her, doch er zwingt auch jeden, dem anderen gegenüber seine Beweglichkeit wiederzufinden, sich also zu ändern, angesichts des anderen tiefer in sich selbst zu gehen.

Der Katholizismus erlebt nunmehr – Israel sei Dank – eine größere Öffnung dem *Hebräischen* gegenüber, der Sprache der Bibel, und dem Reichtum der jüdischen Tradition gegenüber, die diese kommentiert. Die spektakulären Veränderungen in der Einfachheit des Zugangs und der Entdeckung des *Landes* Israel prägen seit einem halben Jahrhundert das katholische Bewußtsein. Gewöhnlichen Gläubigen ist dieses Land nun vertraut; Exegeten und Gelehrte können nun in der Erwägung der Schrifttexte und der Heilsgeschichte den Schritt zu mehr Realismus tun.

Tiefer noch führt die Anerkennung des Staates Israel und der Gabe, die der Herr seinem Volk unwiderruflich geschenkt hat, dazu, daß die katholische Heilssicht ihre *Ursprünge* wiederfindet und deren Fruchtbarkeit erkennt. Das kirchliche Selbstverständnis formt sich wieder nach dem allzu häufig verdeckten Verständnis der Heilsökonomie, das die Schriften des Alten und Neuen Testaments geben.

Darf ich mir vorstellen, daß von jüdischer Seite eine vergleichbare und symmetrische Bewegung entstehen könnte? Die Spezialisten der Entdeckungen von Qumran und der Anfänge der christlichen Ära wissen um die außerordentliche Vielfalt des jüdischen Denkens in dieser Hinsicht und um die Debatten, die sie in völliger Freiheit durchdringen.

Wäre es utopisch, sich vorzustellen, daß ein positiver und wohlwollender Dialog zwischen Christen und Juden als solchen die einen wie die anderen anregen würde, in Treue zu ihrer Berufung einen geistlichen Zuwachs sprießen zu lassen, dessen Früchte man nicht im voraus ermessen kann?

Anders gesagt: Ich setze auf eine Fruchtbarkeit, von der wir heute nur eine leise Vorahnung haben können. Müssen wir vielleicht noch eine Generation lang warten, damit dieser Austausch, unter dem Druck der äußeren Umstände, stattfindet und von jedem nicht als Bedrohung, sondern als Chance für die eigene Identität empfunden wird?

Unsere Berufung denkend erfassen

Solcherart nachzudenken über die wechselseitige Sichtweise der Juden und der Katholiken sowie deren Übereinstimmungen in der Welt wie sie ist, heißt nicht, eine taktische Allianz zu knüpfen. Es bedeutet, die Verwurzelung des Geistes in der Geschichte zu erkennen, und hilft, unser eigenes Schicksal denkend zu erfassen.

In dieser Begegnung mit dem Christentum wird durch Offenbarung ihrer Früchte etwas von der jüdischen Berufung enthüllt. Diese Begegnung hebt hervor, wie die jüdische Wurzel Zweige trägt, die ihr vielleicht fremd erscheinen, die aber den

Fortbestand der Wurzel verbürgen und ihren Ursprung bezeugen. Sie gibt ihr die Möglichkeit, ihre Berufung zum Universellen wiederzuentdecken.

Dieser große Austausch hat sich bereits auf dem weltlichen Gebiet des modernen Humanismus abgezeichnet, nicht ohne Verdächtigungen, Dramen und Konflikte. Es geht darum, stromaufwärts und stromabwärts bis an die Fülle der Berufung Israels zu gehen.

Welche Bedeutung hat die Begegnung von Juden und Christen im Kampf der Kulturen?*

Samuel Huntingtons Formel vom „Kampf der Kulturen" ist in Europa zumeist zurückgewiesen worden, so wie man einen Zauber vertreibt. Es schien politisch gefährlich, den öffentlichen Meinungen eine konfliktgeladene, gar duale Darstellung des Weltgeschehens zu liefern. Europa, das im Lauf der Jahrhunderte ständig Bürgerkriege angefacht hat, steckt die Furcht dualer und reduzierender Konfrontationen in den Knochen.

Für den Gedankengang schlage ich nicht die Hypothese eines Kampfes der Kulturen vor, sondern die einer völlig neuen Zusammensetzung unserer Weltkultur, die von Konflikten und Gegensätzen, von Übereinstimmungen, Austausch und defensiven Rückzügen durchdrungen ist. Kurz: eine wunderbare Zeit, in der alles am Brodeln ist.

In so einer Situation erahnt man die Tragweite guter nachbarlicher Beziehungen zwischen Christen und Juden, zwischen den jüdischen Organisationen oder den religiösen Vertretern des Judentums und denen der katholischen Kirche, zwischen dem Heiligen Stuhl und dem Staat Israel.

Die Problematik

Bedeuten neue, positive, vertrauensvolle Beziehungen ein Interessenbündnis, eine wirtschaftliche Übereinkunft, eine für beide Partner notwendige Zusammenarbeit, bei der die Widerstände gemeinsam angegangen werden, um die eigene Existenz zu verteidigen?

---

* Ansprache vor dem Amerikanischen Jüdischen Komitee, Washington, in: Documentation Catholique, 8. Mai 2002.

169

Sie vermuten richtig, daß ich diese Beziehungen nicht so auffasse, weder bezüglich ihrer Prinzipien, noch der Gründe ihrer Wiederaufnahme, erst recht nicht in Hinblick auf ihre Bedeutung für die Zukunft und den Dienst an den Kulturen – doch müßte man nicht *die* Kultur schlechthin sagen?

Ich schlage vor, die Problematik in fünf Punkten anzugehen:

1. Was haben Juden und Christen gemeinsam, das eine Annäherung und ein Bündnis rechtfertigt?

2. Birgt die Erkenntnis dessen, was Juden und Christen gemeinsam haben, das Risiko, ihre jeweilige Besonderheit und Identität durch diese Genossenschaft zu gefährden?

3. Hat dieses gemeinsame Prinzip eine Bedeutung für die gesamte Menschheit?

4. Oder ermöglicht die Begegnung zwischen Juden und Christen diesen, ihre Sendung für die Menschheit besser zu erfüllen?

5. Und schließlich: In welchen konkreten Handlungen kann dieser Universalismus zum Ausdruck kommen, da diese Sorge um die Welt nicht den Zweck von Herrschaft und Eroberung verfolgt?

Vielleicht ist das Kartesische an meiner Vorgehensweise überraschend. Aber ich schlage einen Handel vor: Beginnen wir mit der letzten Frage. So kommen die besten Unterhändler zu glücklichen Abschlüssen!

Das biblische Vorbild

Also untersuchen wir zunächst die letzte Frage: Die Sorge um den Universalismus, den Juden und Christen gemeinsam beanspruchen können, ist kein Eroberungsvorhaben. Wodurch kann sie ihren Dienst an der Menschheit aufweisen?

Durch eine originäre Art, *das politische Handeln* aufzufassen und anzugehen.

In der biblischen Geschichte ist der einzig unbestrittene politische Erfolg der von David und Salomo, wiewohl die Folgen dem Maß der Ambitionen nicht entsprochen haben.

Führt man sich die verschiedenen Nationen vor Augen, in denen Juden leben, stellt man fest, daß sehr selten ein Jude die höchste politische Macht ausgeübt hat, bestenfalls als Premierminister, wie Benjamin Disraeli in England oder Léon Blum in Frankreich.

Das biblische Vorbild, auf das sich die jüdische Präsenz in politischen Angelegenheiten stützen kann, ist in Wirklichkeit Mordechai, der Ratgeber. Seine Intelligenz und seine Weisheit, die vom Glauben und seiner Treue zu Gott geprägt sind, schlagen sich in vernünftigen und sinnvollen Ratschlägen an einen Souverän nieder, der selbst nicht dem jüdischen Volk angehört und nicht dessen Überzeugungen teilt.

Man wird dem entgegenhalten, daß es noch Esther gibt, die Königin! Meinetwegen. Überlassen wir das dem Purim-Fest! Und auf katholischer Seite? Zweifellos gedachten die zahllosen Herrscher, die sich als katholisch darstellten, nicht, ihre Herrschaft nur über ihr Volk auszuüben, sondern auch über die Kirche. Dennoch beansprucht der Katholizismus nicht, die politische Verwaltung der Nationen oder der Völker wahrzunehmen, was der biblischen Tradition und der Lehre des Neuen Testaments entspricht – entsinnen Sie sich der Antwort Jesu auf die Steuerfrage: „Gebt dem Kaiser, was dem Kaiser gehört, und Gott, was Gott gehört" (Mt 22,21).

Ethik und Politik

Kann man überhaupt von biblischen und katholischen Einflüssen oder Inspirationen sprechen? Einige werden sich die Existenz zweier Lobbys vorstellen, einer jüdischen und einer katholischen, die ihre Bemühungen vereinen, um ihre jeweiligen Interessen gemeinsam zu verteidigen. Der Gedanke sei mir fern!

Ich denke eher an eine gemeinsame Berufung als Fürstenberater oder -kritiker, welche die absolutistische Versuchung der Macht in Frage stellt. Nicht nur die Versuchung der Tyrannei, sondern die, die jeder Macht innewohnt, sich nämlich zur Norm über Gut und Böse zu setzen, ist es doch die Macht, die das Gesetz erläßt.

Diesbezüglich haben aber Juden und Christen eine sehr klare Sicht gemein: Das Gesetz, das sich dem menschlichen Gewissen aufzwingt, hat einen Ursprung, der jeden Menschen übersteigt.

Das Gute wird nicht vom Willen oder den Meinungen definiert, sondern es zwingt sich in dieser relativen Welt als etwas Absolutes auf. Diese unanfechtbare Norm in der Führung der weltlichen Angelegenheiten macht aus der Politik eine Angelegenheit, die der menschlichen Bestimmung würdig ist.

Diese ethische Perspektive des Politischen sperrt sich von innen her gegen Willkür. Sie zielt darauf ab, die Ausübung der Macht zu erhellen, nicht zu zerstören. Sie ist Zeuge der wahren Weisheit, von der die Bibel sagt, sie komme von Gott.

Ist das nicht ein sehr hohes Ideal der Menschheit? Die Stellung des jüdischen Volkes und der Christen als Wächter und Zeugen des Reiches Gottes trotzt jeder menschlichen Herrschaft und entwertet sie. Wir Juden und Christen, sind wir nicht der gesamten Menschheit diese politische Vernunft schuldig, für sie verantwortlich?

Fehlt nicht genau diese Weisheit den Weltorganisationen, die zur Regelung des Friedens unter den Völkern eingerichtet sind, die jedoch wegen der Machtverhältnisse und Interessenkonflikte kaum nach Gerechtigkeit und Recht (Gen 18,19) funktionieren, das heißt erfolgreich?

Diese Anregung wird vielleicht utopisch erscheinen. Aber ich führe ein Beispiel an: Ist Papst Johannes Paul II. seit mehr als zwanzig Jahren nicht immer dem gefolgt, hat er das nicht zuweilen verwirklicht? Man könnte vielleicht auch an die wichtige Stellung denken, die Dear Henry[1] in der Weltpolitik innehatte. Doch ich werde mich vor dieser Einmischung in die amerikanische Politik hüten und überlasse es jedem, das selber einzuschätzen.

Vom Gesetz zur Liebe

Kommen wir zur nächsten Frage: Ermöglicht die Begegnung zwischen Juden und Christen diesen, ihrer Sendung für die gesamte Menschheit gerecht zu werden?

---

1 Henry A. Kissinger (*1923), amerikanischer Politiker. Sicherheitsberater von vier Präsidenten, Außenminister der USA von 1973–77, Friedensnobelpreisträger 1973.

Betrachten wir hierzu die Gabe des *Gesetzes* oder der *Gebote.* Für die Juden, selbst den Juristen, sogar den Spezialisten für Geschichte des römischen oder angelsächsischen Rechts, ruft dieser Begriff „Gesetz" sofort die Torah ins Bewußtsein. Lassen wir dabei die Frage nach der Befolgung der Vorschriften, wie sie die rabbinische Tradition bestimmt, beiseite. Beschränken wir uns mit der Weisheit des Gesetzes und seiner Macht über die Gewissen. Es besteht nicht nur in der Sanktion, die mit ihm einhergeht, sondern zunächst in der Gerechtigkeit, die es in die menschlichen Beziehungen einführt. Dieses Gesetz – jedes Gesetz – beruht auf dem meist unsichtbaren Sockel des am Sinai geoffenbarten heiligen Willen Gottes. Auf die eine oder andere Weise erhält das Gesetz von Gott einen gewissen heiligen Charakter, der auch den Menschen bestimmt, an den es sich wendet. Und für einen Christen? Vielleicht werde ich die unter Ihnen, die die katholische Lehre nicht kennen, seien sie übrigens Christen oder Juden, überraschen, wenn ich daran erinnere, daß für Christen diese Gebote wesentlich eine in der Bibel selbst kundgetane göttliche Offenbarung sind.

Blättern Sie zum Beispiel im jüngsten Text, der das bezeugt, im *Katechismus* der *Katholischen Kirche,* der unter der Autorität von Papst Johannes Paul II. veröffentlicht worden ist. Die Moral ist darin im Rahmen der Zehn Worte dargelegt, in denen sich die moralische Reflexion des menschlichen, persönlichen und sozialen Handelns entfaltet.

Gewiß, wir Jünger Jesu unterscheiden uns sicherlich in der Art und Weise, diese Gebote zu verstehen und sie umzusetzen. Der für einen Christen autorisierte Kommentar ist die Art und Weise, wie Jesus diese Gebote gelebt hat und wie er uns auffordert, sie zu leben.

Es ist eine bestimmte Interpretation des *Schema Israel:* „Du sollst den Herrn, deinen Gott, lieben mit ganzem Herzen, mit ganzer Seele und mit ganzer Kraft" (Dtn 6,4; Mt 22,36). Die erste Regel des Tuns faßt das Gesetz und die Propheten im Gebot der Gottesliebe und der brüderlichen Liebe zusammen (Lev 19,18; Mt 22,39), in Nachfolge des Messias und in Teilnahme an der von ihm empfangenen Liebe: „Liebt einander, so wie ich euch geliebt habe" (Joh 15,12).

Wachsamkeit und Zeugnis als gemeinsame Sendung

Ein kurzsichtiger Blick könnte zwischen diesen beiden Betrachtungsweisen unüberbrückbare Unterscheide ausmachen. Ein tiefergehender Blick wird erkennen, daß sie eine gemeinsame Quelle haben – sie liegt in Gott. Die Folgen für das menschliche Tun sind analog, selbst wenn sich Gerechtigkeit und Friede auf verschiedenartige Weisen entfalten und unter Bezugnahme auf unterschiedliche geistige Quellen gelebt werden. Natürlich sind diese Unterschiede nicht zu vernachlässigen. Sie sind sogar von wesentlicher Bedeutung für unsere Erfahrung. Die Übereinstimmung zwischen den Juden und den Christen ermöglicht es diesen jedoch erst, ihrer Aufgabe der Wachsamkeit und des Zeugnisses für die Menschheit mit mehr Kraft und Achtung nachzukommen.

Kann man die Aufgaben verteilen? Das wäre recht vermessen und vermutlich falsch, denn auf diesem Gebiet ist alles verbunden und läßt sich nichts trennen.

Im Namen der Nächstenliebe hat die christliche Erfahrung zeitweise eine bestimmte Bevölkerung zu einer gewissen Relativierung der Gebote verleitet. Sicher ist die Gottes- und Nächstenliebe die Fülle des Gesetzes: der Ausdruck kann nicht genauer, stärker und schöner formuliert werden. Es bleibt aber unerläßlich, die Erfordernisse der Liebe streng dem göttlichen Willen entsprechend zu verstehen und zu strukturieren. Eine fruchtbare Begegnung könnte die Christen daran erinnern, daß sie nicht unterlassen können, was Gott gebietet, und die Juden daran, daß das Gebot der Liebe am Beginn des *Schema* jede Haltung durchdringt, die daraus hervorgeht, und zwar in den menschlichen Beziehungen wie auch Gott gegenüber.

Der christliche Universalismus hat allen Völkern der Welt eröffnet – zuweilen in einer säkularisierten Form –, was Israel am Sinai gegeben wurde. Israel bleibt der Bürge dafür, und mit Israel zweifellos die Christen, zum gemeinsamen Wohl der ganzen Menschheit.

„Alle Völker der Erde"

So bin ich zu der nächsten Frage gelangt: Welche Bedeutung kann die Annäherung von Juden und Christen für die gesamte Menschheit haben? Selbstverständlich werde ich diese Frage nicht beifallheischend beantworten. Einige werden ein katastrophales Ergebnis befürchten, das für die Unabhängigkeit und die Freiheit der besonderen, nationalen oder religiösen Identitäten bedrohlich wäre. Andere, vielleicht dieselben, werden sich auch fragen, wie Religionen, die von der Geschichte dermaßen getrennt wurden, eine besondere Allianz eingehen könnten, die zur Zusammenkunft der Kulturen und Religionen beiträgt.

Tatsächlich ist dieser Bezug zur gesamten Menschheit im Ursprung des Judentums selbst eingeschrieben. Erinnern Sie sich an den Abraham erteilten Segen: „Durch dich sollen sich alle Geschlechter der Erde segnen" (Gen 12,3). Entsinnen Sie sich auch der prophetischen Ankündigung, wonach alle Völker kommen werden, den einzigen Herrn des Himmels und der Erde in seinem Heiligtum anzubeten (Jes 2,2f.).

Bei den Christen haben die jüdischen Apostel Jesu dieses prophetische Orakel nicht ohne Schwierigkeiten ins Werk gesetzt, indem sie fast widerwillig entdeckt haben, daß die Israel verheißene Gabe des Geistes auch den Heiden gewährt ist. Der Auftrag Jesu an die Seinen, „zu allen Völkern zu gehen, alle Menschen zu Jüngern zu machen und sie zu taufen" (Mt 28,19), vereint in Wirklichkeit die Christen mit den Juden in ihrer Hoffnung für die Welt, während gleichzeitig die geistlichen Haltungen und die Erfahrung der einen wie der anderen noch entgegengesetzt sein können.

Denn das jüdische Volk lebt in einem paradoxen Zustand. Es bleibt ein Volk und besteht auf dieser Bezeichnung. Die Frage, ob es ein Volk ist wie die anderen, oder ob es von den anderen verschieden ist, stellt sich seit den Anfängen. Wir sind ein von den Völkern verschiedenes Volk, da von Gott gebildet, um ihm zu dienen. Und wir sind ein Volk gleich den anderen, da es König und Macht fordert wie in den anderen Ländern der Welt. Mit der Entstehung des Staates Israel ist diese alte Spannung wieder aufgetaucht. Aber die über die Welt verstreuten Juden und jüdischen Gemeinschaften nehmen in der gegenwärtigen Globalisierung durchaus an der Verschiedenheit der Kulturen und Nationen teil, ohne daß damit gleich die Zugehörigkeit zum „jüdischen Volk" verblaßt.

Man kann anführen, daß die Tatsache, Christ zu sein, ebenso jeden einzelnen und jede Gemeinschaft in die gemeinsame Existenz der Kirche des Messias eingliedert, die über die Zeiten der Geschichte hinweg in allen Nationen und allen Kulturen gegenwärtig ist.

Einheit und Einzigkeit

Das Problem, das ich hier zu erfassen versuche, ist das von der Globalisierung aufgeworfene. Führt eine Solidarität die gesamte Menschheit zusammen? Und das um den Preis des Verleugnens oder Vergessens der Besonderheiten, die bis heute noch als Reichtum gelten, künftig aber als Überbleibsel und Hindernis angesehen werden könnten? Sicherlich nicht.

Aber die Sendung, die das Wort Gottes den Juden und dann den Christen anvertraut hat, ist, die Menschheit zum Bewußtsein ihrer Einheit und einzigen Berufung zu führen. Diese hat mit ihrem Ursprung zu tun. Die Menschheit wurde, wie es die ersten Seiten der Genesis sagen, von Gott geschaffen „nach seinem Bild und Gleichnis" (Gen 1,26). Inmitten der menschlichen Verschiedenheit existieren Wächter und Zeugen des Lichts des Ursprungs, und zwar nicht, um dieses Licht aufzuzwingen, sondern um der Menschheit zu helfen, ihre Bestimmung zu enträtseln.

Die Juden sind sich ihrer historischen Besonderheit bewußt, da ihnen zuerst diese Offenbarung ein für allemal anvertraut wurde. In der Erfahrung eines von dieser Erwählung geprägten Volkes ist die Heilsgeschichte Fleisch geworden in der Geschichte des Menschen. Die Versuchung für das jüdische Volk ist selbstverständlich, sich in dieser Besonderheit zu verschließen und sie somit ihrer heilbringenden Reichweite zu entleeren. Die Christen sind die Nutznießer dieses ersten Segens, denn in dem Augenblick, wo die Kirche – aus Juden – entsteht, erhalten auch Heiden mit ihnen Anteil an diesem Segen und an dieser Verheißung. Im Lauf der Jahrhunderte werden auch die Christen versucht sein, sich eigene Besonderheiten nationaler oder konfessioneller Art zu schaffen. Dementsprechend verlieren sie den Sinn ihrer Wurzeln, des Ursprungs, der ihre Hoffnung verbürgt.

Doch indem Juden und Christen einander begegnen und ihre Unterschiede ermessen, können sie besser verstehen, was ihnen als grundlegende Evidenz und vordringliche Aufgabe gegeben ist: einer geteilten Menschheit den Aufruf zur Einheit zu offenbaren, die stärker und größer ist als ihre unermeßliche Verschiedenheit.

Notwendige Begegnung

Diese Perspektiven bedrohen weder die jüdische Besonderheit noch die christliche Identität.

Lassen Sie mich das ausführen. „Das Heil kommt von den Juden", lehrt Jesus eine Frau aus Samarien, im Evangelium nach Johannes (4,22).

Ohne die Juden könnte sich die christliche Universalität in einen abstrakten Humanismus auflösen. Die christliche Sendung zeigt, daß durch die Erkenntnis der Einheit der Menschheit, der Tochter des Einzigen, die Verschiedenheit der Kulturen um den Preis zuweilen beträchtlicher Hindernisse und Zweideutigkeiten respektiert und jede einzelne erhöht werden kann.

Kann das Judentum, der Träger des allen Völkern verheißenen Segens, ohne die Christen seine eigene Sendung verwirklichen – ohne sich dabei in der universellen Rationalität der Aufklärung aufzulösen und die Geschichte, der es entstammt, seiner Substanz zu entledigen?

Aus dem Nachdenken über diese Aporien können wir eine Lehre ziehen: Die Begegnung von Juden und Christen ist für beide notwendig, um zu verstehen, was Gott von ihnen vielleicht verlangt. Ihre gemeinsame Erfahrung wie auch die auseinandergehenden Auffassungen des göttlichen Segens offenbaren das Antlitz der universellen Einheit und Gemeinschaft, die in der Abraham gegebenen Verheißung wurzelt, von den Propheten angekündigt ist und – so glaubt sie in demütiger Kühnheit – von der katholischen Kirche bezeugt wird. Vielleicht wirkt das etwas überzogen. Doch es trägt einer Schwierigkeit Rechnung, der sich jeder von uns in dieser Zeit der Globalisierung stellen muß. Was ist für die Juden ihre Identität? Ist es die nationale israelische Identität oder die Identität der Diaspora? Worauf beruht sie?

Und was die Christen betrifft: Ist ihre universalistische Botschaft lediglich die Maske des römischen und sodann westlichen Imperialismus? Wie kann sich diese Botschaft über die Welt ausbreiten, ohne dabei ihre Kraft und ihren Inhalt einzubüßen? Die Frage stellt sich aufs schärfste, wenn die Christen die biblische Botschaft einschließlich der Torah zu Völkern tragen wie denen Asiens, und diese, wie Gandhi, zwar bereit sind, die Werte Jesu Christi als eine Botschaft der Befreiung anzunehmen, doch erklären, mit der Bibel nichts zu schaffen zu haben, da sie ihre eigenen Schriften und ihre eigene heilige Geschichte haben. Das Christentum läuft Gefahr unterzugehen, wenn es diese Entwurzelung von Israel, vom Bund, von der ersten Wahl Gottes akzeptiert.

Die Begegnung – das Band – zwischen Juden und Christen, das in der bestehenden Spannung von beiden zu achten ist, bietet der gesamten Menschheit ihr ursprüngliches Bild und bestärkt ihre Hoffnung auf eine friedliche Einheit.

Ein Bruch innerhalb der ersten christlichen Generation

Was ist also die Grundlage für die Annäherung von Juden und Christen? Was haben die einen wie die anderen gemeinsam, das ein Bündnis zwischen ihnen rechtfertigt?

Die Antwort steht auf der ersten Seite des Neuen Testaments. Wenn Sie es öffnen, gleich welche Ausgabe, beginnen Sie mit dem Stammbaum „Jesu Christi, des Sohnes Davids, des Sohnes Abrahams", der so beginnt: „Abraham war der Vater von Isaak, Isaak von Jakob, Jakob von Juda und seinen Brüdern" (Mt 1,1).

Der Christ empfängt vom jüdischen Volk die Gesamtheit der Schrift: das Gesetz, die Propheten und die anderen Schriften. Wir empfangen sie als das, was sie ist, als Wort Gottes. Und das gilt für alle Christen – Protestanten, Katholiken oder Orthodoxe –, was auch immer die Geschichte an Verbrechen und Wechselfällen gesehen haben mag. Diese Heilige Schrift ist untrennbar von ihren Adressaten und den Sprachen, in denen sie zuerst formuliert wurde. Jedes einzelne ihrer Worte empfängt die Kirche als vom Geist Gottes inspiriertes Wort. Sie will ihm treu bleiben. Mehr noch, sie kann gar nicht darauf verzichten, wogegen andere, wie zum Beispiel Marcion, einen radikalen Bruch wünschten, der die biblische Schrift, die Heilsgeschichte, den Bund und die Erwählung aus dem Glauben der Jünger Jesu gestrichen hätte.

Doch gab es auf jüdischer Seite keine symmetrische Reduktion, aus Gründen, die oft allzu eindeutig sind und die man hier nicht in Erinnerung zu rufen braucht? Stillschweigende Nichtbeachtung herrschte vor. Zu viele Juden waren in der Vergangenheit der Meinung, aus religiöser Sicht keineswegs der Christen zu bedürfen.

In Wirklichkeit erkennen wir in diesen gegensätzlichen Haltungen den Bruch innerhalb der ersten christlichen Generation, der durch die Ablehnung oder Annahme der Botschaft Jesu von Nazareth entstanden ist.

Unterschiede und Gemeinschaft der Hoffnung

Juden und Christen oder Katholiken teilen zugleich eine gemeinsame Wurzel und einen Konflikt. Dieser Konflikt gehört aber, selbst in den Augen der Christen, zu einem Horizont, den das jüdische Denken gut kennt, nämlich zur Erwartung, daß die menschliche Geschichte nach dem Willen Gottes vollendet wird.

Juden wie Christen sind durch eine Hoffnung gespannt. Sie haben die empfangene und weitergegebene Offenbarung gemeinsam, die ihren Blick hin auf diese Vollendung lenkt, die für jeden von der Erfahrung der Jahrhunderte, der Kulturen und der

Völker geprägt ist, von dem, was der eine vom anderen annimmt oder ablehnt.

Wer spürt hier nicht, daß die Spannungen um so größer und schmerzlicher sein können, als die Gemeinsamkeiten und Übereinstimmungen festeren Grund haben? Da wir aus derselben Wurzel stammen, wird jede Spannung wie der Beginn einer Verletzung, einer Ablehnung erlebt; doch sie kann auch in der Hoffnung eines immer größeren Lichtes gelebt werden.

Ohne daß die Annäherung ihre Gegensätze weniger scharf erscheinen läßt, sind die getrennten Brüder – der Erstgeborene wie der Nachgeborene, jeder für sich – vom ursprünglich empfangenen und heute dringenden Aufruf her verpflichtet, ihrem Auftrag nachzukommen. Keiner kann ihn ohne den anderen erfüllen, und keiner kann dabei dem anderen Gewalt antun oder ihn an den Rand drängen.

Die gegenwärtige Gestalt der Menschheit nimmt, auf noch dunkle und zuweilen kontrastreiche Weise, die von den Propheten getragene und vom Neuen Testament verkündete Hoffnung voraus. Es wäre illusorisch und verlogen, unsere Verschiedenheiten und unseren persönlichen Glauben zu vernachlässigen, um diese gemeinsame Hoffnung zu verwirklichen. Das wäre ein tödlicher Irrtum und letztlich ein Aufgeben. Doch jeder ist aufgerufen, in der Sendung zu Gerechtigkeit und Frieden voranzuschreiten, die ihm von der Vorsehung aufgetragen ist.

Das Juden und Christen gemeinsame Band begründet ihr Bündnis und verbürgt den Auftrag, den sie erfüllen müssen, um der Menschheit gerecht zu werden. Das Gleichgewicht und der Friede in der Welt stehen auf dem Spiel.

Zwei empfindliche Punkte

Der Reichtum der biblischen Offenbarung, den die jüdische Tradition empfängt und dem die Kirche durch den Glauben an Christus anhängt, stellt für die Zukunft der Menschheit einen noch unerforschten Schatz dar.

Wenn die Diskussion in Vertrauen und Vertrautheit zwischen Menschen des Glaubens und des Nachdenkens stattfindet – was für ein Reichtum wäre es für das christliche Denken, die Erwählung Israels als ein Gründungsdatum der menschlichen Geschichte sowie der eigenen Berufung anzunehmen! Wenn es zwischen Juden und Christen nur zu gegenseitigem Verstehen käme, könnte ihre gemeinsame Sicht der biblischen Geschichte zu einem tieferen Verständnis der verschiedenen religiösen Formen und Kulturen führen. Vor einigen Monaten hat der Papst in Assisi den Weg dafür gewiesen.

Ein weiteres Beispiel: Die Betrachtung von Jesaja, Kapitel 42 bis 53, war zweitausend Jahre lang jüdischerseits sehr zurückhaltend, als ob die Christen sie monopolisiert hätten. Aber wie könnte man darauf verzichten, über die Sünde, das Leiden, die Hoffnung einer Erlösung zu sprechen, über das, was Gott vom Menschen an Reue erwartet, über seine Vergebung, über den Inhalt unserer Hoffnung?

Die Furcht, uns gegenseitig zu verletzen, uns erobern zu wollen, wie in den Disputationen vergangener Jahrhunderte, darf dieses prophetische Wort nicht gerade in dem Augenblick verdecken, wo in den Völkern die Sehnsucht nach Glück wie die Evidenz des Elends unaufhörlich wächst, wo die Risiken und Ängste in Anbetracht der neuen, von Menschen errungenen Mächte noch nie so groß gewesen zu sein scheinen.

Gesamterben

Ein aufs neue erweckter Dialog zwischen Christen und Juden über diese zwei empfindlichen Punkte – die Erwählung und die Erlösung –, kann das Licht Gottes, das seinem Volk gegeben und allen Völkern verheißen ist, tiefer erahnen lassen.

Die Juden und Katholiken gemeinsame Zukunft beschränkt sich nicht darauf, möglichen Streit in Grenzen zu halten. Sie kann sich nicht mit friedfertigem gegenseitigen Verständnis begnügen, auch nicht mit einer Solidarität im Dienst an der Menschheit. Diese Zukunft verlangt nach einer vertieften Arbeit an dem, was gemeinsam ist, wie an dem, was trennt. Mögen die Verschiedenheiten und die Spannungen zum Anreiz einer immer aufmerksameren und gelehrigeren Vertiefung des Geheimnisses werden, dessen Geschichte uns zu Gesamterben macht. Die Begegnung von Juden und Christen ist, im Dienst an der Menschheit, Inspirationsquelle für den Frieden und den Segen aller.